成都·成华历史人文丛书 街道卷

跳蹬河

傅厚蓉 冯荣光 著

四川文艺出版社

图书在版编目（CIP）数据

跳蹬河 / 傅厚蓉, 冯荣光著. — 成都 : 四川文艺出版社, 2020.7

（成都·成华历史人文丛书）

ISBN 978-7-5411-5733-2

Ⅰ.①跳… Ⅱ.①傅… ②冯… Ⅲ.①城市道路—成都—通俗读物 Ⅳ.①K927.11-49

中国版本图书馆CIP数据核字(2020)第091855号

TIAODENGHE

跳蹬河

傅厚蓉　冯荣光　著

出 品 人　张庆宁
责任编辑　罗月婷
封面设计　叶　茂
内文设计　叶　茂
责任校对　段　敏
责任印制　唐　茵

出版发行　四川文艺出版社（成都市槐树街2号）
网　　址　www.scwys.com
电　　话　028-86259287（发行部）　028-86259303（编辑部）
传　　真　028-86259306

邮购地址　成都市槐树街2号四川文艺出版社邮购部　610031
排　　版　四川胜翔数码印务设计有限公司
印　　刷　四川华龙印务有限公司
成品尺寸　157mm×235mm　　　开　本　16开
印　　张　14　　　　　　　　字　数　220千
版　　次　2020年7月第一版　　印　次　2020年7月第一次印刷
书　　号　ISBN 978-7-5411-5733-2
定　　价　42.00元

总序

　　成华区作为成都历史上独立的行政区划，是从 1990 年开始的，它是一个非常年轻的区。但是成华这块土地，作为古老成都的一个重要组成区域，则有着悠远的历史与深厚的文化根基。

　　"成华"区名，是成都县与华阳县两个历史地理概念的合称，而成都与华阳很早就出现在古代典籍中。《山海经·大荒北经》中曾有"大荒之中，有山名曰成都载天"的记载，有学者据此认为，成都可能是远古时候的一个国名，或者是古族名。华阳之名也一样历史悠久，《尚书·禹贡》云："华阳黑水惟梁州。"梁州是上古的九州之一，包括今天川渝及陕滇黔的个别地方，华阳即华山之阳，是指华山以南地方。东晋常璩所撰写的西南地方历史著作《华阳国志》便以地名为书名。唐代开始，地处"华山之阳"的成都平原上便有了华阳县，也从此形成了成都市区二县共拥一城的格局。唐人李吉甫在地理名著《元和郡县图志》一书中，对成都与华阳做了更进一步的记载："成都县，本南夷蜀侯之所理也，秦惠王遣张仪、司马错定蜀，因筑城而郡县之。""华阳县，本汉广都县地，贞观十七年分蜀县置。乾元元年改为华阳县，华阳本蜀国之号，因以为名。"由此可见，成都与华阳历史之悠久，仅从行政区域角度看，成都从最初置县至今已有两千三百多年，而华阳置县从唐乾元元年（758）

至今也有一千二百多年了。

不仅成华之名源远流长，具有丰富的人文内涵，成华这片土地更是积淀着厚重的历史与文化。可以说成华既是一部沉甸甸的史书，也是一首动人心魄的长诗。这里有纵贯全境且流淌着历史血液与透露着浓烈人文气息的沙河，有一万年前古人类使用过的石器，有堆积数千年文明的羊子山，有初建成都城挖土形成的北池，有浸透了汉赋韵律的驷马桥，有塞北雄浑的穹顶式和陵，有闻名宇内的川西第一禅林，有道家留下的浪漫神话传说，有移民创造的客家文化，还有难忘的当代工业文明记忆，还有世界的宠儿大熊猫……

成华有叙述不尽的历史故事。

成华有百看不厌的人文风景。

成华的历史是悠久的巴蜀历史的一部分；成华土地上生长的文明是灿烂的巴蜀文明的重要组成部分。

为了把这耀眼的历史文化集中而清晰地展现给人们，同时也为后世保留一笔珍贵的精神财富，中共成华区委和成华区人民政府立足全区资源禀赋和现实基础，将组织编写并出版"成都·成华历史人文丛书"纳入"文化品牌塑造"工程的重要内容之一。由成华区委宣传部、成华区文联、成华区文旅体局、成华区地志办等单位牵头策划，并组织一批学者、作家共同完成这套丛书，包括综合卷与街道卷两大部分，共计二十册。其中综合卷六册，街道卷十四册。综合卷从宏观的视野述说沙河的过往，清理历史的遗迹，讲述客家的故事，描写熊猫的经历，抒写诗文的成华，回眸东郊工业文明的辉煌成就。街道卷则更多从细微处入手，集中挖掘与整理蕴藏在社区、在民间的历史文化片断。

历史潮流滚滚前行。成华作为日益国际化的成都主城区之一，随着城市化进程的深入推进，对生活在成华本土的"原住民"和外来"移民"，更加渴望了解脚下这片土地，构建了积极的文化归宿。此次大规模地全面梳理、挖掘本土历史，并以人文地理散文的形式出版，在成华建区史上尚属首次。这既顺应了群众呼声、历史潮流，又充分展现了成华人的文化自觉和文化自信。

"成都·成华历史人文丛书"是成华人对成华悠久历史、深厚文化的一次深邃的打量，更是成华人献给自身脚下这片土地的一份深情与厚爱！

书籍记录岁月，照亮历史，传播文化。书籍是人类精神文明的载体，中华数千年的历史文化传承，书籍功莫大焉。如今，中国人民正在追求民族复兴的伟大梦想，通过书籍去回顾历史、展望未来，乃是实现这一复兴之梦的重要路径。

身在"华阳国"中的成华人，也有自己的梦。传承悠久的巴蜀文明，弘扬优秀的天府文化，正是我们的圆梦方式之一。

这便是出版"成都·成华历史人文丛书"的宗旨和意义之所在。

张义奇　蒋松谷

序：追忆即告别

跳蹬河街道的平面图酷似一个"马头"，像国际象棋中的"马"，摆在成华区这个大棋盘上。《周易·说卦》云："乾为马。"在中国传统文化中，"马"代表着勇往直前、自强不息的精神。

《跳蹬河》是街道辖区人文历史的叙事，以成都东郊工业企业为主要题材，虽以追忆为主要言说方式，却充满了象喻性。

当然，如此的象喻性一直隐藏于叙事之中，成为全书时隐时现的脉络，从而建构提升出一个街道辖区的人文历史社会变迁的主题。

关于"跳蹬河"地名的来历，有很多传说。如，源于十个回头浪子为了报恩积善，跳进升仙水（沙河）化为十个石墩，以供人过河的故事。再如，原先此处有简易木桥，后来遭大水冲毁，当时无力重修，人们只好踩跳着石墩过河。由此可见，"跳蹬河"地名象喻着身体、地方与情感之相互作用，其最初的含意为"穷困"或"将就"，但其本质的寓意为"脱离"或"跃进"。

正由于这样一个特定的地方，让《跳蹬河》的叙事在整体上呈现出两大特质：一是"地方感"；二是"位置感"。

所谓"地方感"，社会学解释为："地方"是被感觉到的，感觉是被地方化的，因为"地方"塑造感觉，感觉同样塑造"地方"。

《跳蹬河》的作者之一冯荣光先生就曾言："我和东郊一起长大。"也就是说诸如圣灯寺、麻石桥、杉板桥……四川制药厂、成都热电厂、省建三公司……这些跳蹬河辖区里的风物、风尚、风流，他要么亲眼见证，要么耳熟能详，镂刻于记忆的深处。

因此，在《跳蹬河》建构叙述之时，跳蹬河这个特定"地方"唤醒了两位作者的经验、记忆与想象。写作时与其说是在梳理"跳蹬河"的往昔，不如说是在追忆作者自身的逝水年华。如此的追忆或有些许怅然，但绝不会沦于失落，这是因为追忆的对象已然涅槃，凤凰再生。因而，我们在阅读《跳蹬河》时，便是面对着亲历者，聆听其对于曾经的往昔娓娓言说，真实而具体。换言之，这样的言说就是一种细而微的人文历史记述，亦可以视为对于新中国宏大历史叙事的民间透视与解析。

所谓"位置感"，社会学解释为：采取什么的角度、位置与心态去观察历史与社会。

在一片绿色的原野中，那大片大片的工业厂房和苏式建筑，还有一幢幢红砖楼房，让他们大开眼界。当然特别显眼的还是那些烟囱、水塔，它们代表着东郊工业的恢宏气势和需要仰视的高度。它们与蓝天比高，与白云比美，让许多老成都人激动和兴奋。

　　《跳蹬河》记述了当时成都市民对自己城市跃进的速度，对新中国建设者们热火朝天的生产大会战，对从千年的农耕文明蝶变为工业文明的赞叹，纯真纯朴纯洁。因为，这样的变迁让跳蹬河改天换地，从"穷困"与"将就"的境地"脱离""跃进"出来，成为当时成都城市最先进、最值得夸耀的东郊工业核心区之一。

　　1953年，古城千年惊变。国家规划在成都东郊建设一个以电子、机械、仪表工业为主体的大型工业区，拉开了大规模经济建设的序幕。现代大工业不能靠亮油壶来照明，不能靠水碾作动力。代号为6101工程的成都热电厂率先在跳蹬河开工建设。1955年5月1日，成都热电厂首台机组开始发电，东郊沸腾了。电，让一个新兴工业城市在成都平原崛起、发展、壮大。

　　《跳蹬河》这样叙事，显然是一种人类学家所说的"文化持有者的内部视界"，即立足于当事者自身的文化视角与自身立场的叙事。当然，这样的叙事是具有历史现场真实感的。虽说，这样的视界于现在看来似乎存在局限，甚至于盲目；然而，对于工业文明到来的欢呼，就是那个时代社会的脉动与激动。

　　《跳蹬河》在叙事的内容结构上，对于成都东郊企业的记述，是建立在档案文献阅读与梳理、亲历者口述与访谈之上的，犹似微型的成都工厂志。

如成都热电厂：《从邛窑"省油灯"说起》《210：成都工业的高度》《铁塔：成都平原上的工业标杆》《"锦江"灯泡照亮千家万户》。

再如四川制药厂：《"半岛"上的创业史》《抗菌素的半壁江山》《悬壶济世说国药》《龙头老大"小不点"》。

《跳蹬河》的叙事文字特色，为非虚构文学的纪实风格，秉承了古蜀成都说书人讲故事的传统并加以创新，让《跳蹬河》的叙事有节奏、有张弛、有温度、有色调、有滋味。

还有一种铃声在沙河回荡，它的乐声更悠远、更古老，来自两千年前的历史深处。

……

"成都跳蹬河铃"则成了古蜀文化的最后证物，同时也佐证了成都作为"音乐名都会"的久远历史。

沙河边的音乐符号，唤醒了我们对成华音乐历史的追忆，它像古老的沙河流水一样，将它的音律融入我们的生活。

在《跳蹬河》叙事中，特别提到了1956年，成都市文物考古队在成都东郊跳蹬河发掘出的两件文物：西汉的青铜器物"成都跳蹬河铃"，东汉的画像砖"车马过桥"。作者对于"成都跳蹬河铃"与"车马过桥"的记述，充满了联想对比的抒情意味。

作为"成都跳蹬河铃"象喻诠释，让跳蹬河的叙事呈现出跳蹬跃进的新历史镜像：

　　106即原成都红光电子管厂，和北京798厂一样是国家"一五"
期间苏联援建的156个重点项目之一。2000年以后，工厂经营艰难，
最终宣布破产。2009年，成都市政府决定将106厂区作为东郊工业
文明遗址保留下来，并与文化创意产业结合，打造为"成都东区音
乐公园"。2011年9月29日，成都东区音乐公园正式开园，游人如
织。2012年11月1日，东区音乐公园提档升级更名为"东郊记忆·成
都国际时尚产业园"，凸显传承东郊工业文明主题。它以音乐为核
心，集文旅、展演、数字娱乐和产业配套为一体，时尚、前卫、新
潮，被喻为"中国的伦敦西区"，与北京798艺术区相对而立，南北
呼应。

　　从当年工业文明的壮阔画卷，翻转到古老"成都跳蹬河铃"奏响的
生态文明的时代音符，跳蹬河辖区的成都东郊工业企业，与成都这座中
国西部特大新一线城市，共同转型焕然一新，并且依旧一马当先，跳蹬
跃进：最早将我们这座城市，从农耕文明领引进入工业文明，现在又成
为生态文明的典范。

　　正是这样的象喻性诠释，通过东郊记忆·成都国际时尚产业园与北
京798艺术区对举，将跳蹬河叙事的"地方性知识"，并置于"普遍性
知识"的国家社会背景之中。《跳蹬河》的叙事从历时性转向共时性，

"跳蹬"出"文化持有者的内部视界"，从而获得历史与时代的更广视界，让人产生深远的追忆、联想、想象与思考。

在这个意义上，可以这样评论《跳蹬河》的叙事：

追忆，即为告别。

是为序。

谢天开

2020年春识于川大锦城学院

成都市成华区跳蹬河街道示意图

（截至2019年10月）

目录

后记

跳蹬河的历史镜像

　　从二环路东三段万年路口到十里店成都理工大学路口，再左转折向二仙桥东路到建设北路三段路口，从路口左转至成华区人民法院路口，再左转进入圣灯路，穿过圣灯路到建设南路路口，由此右转折向二环路东二段，在SM广场路口左转至二环路，再由北往南到二环路东三段万年路口。从起点到终点，正好形成一个线路闭环。

　　这条线路是跳蹬河街道办事处辖区的边界线，当我们行走完这条路线后，又经街办同志指点，再查阅《成华区行政区划图》，十分惊异地发现：跳蹬河街道的平面图酷似一个"马头"，像国际象棋中的"马"，摆在成华区这个大棋盘上。《周易·说卦》云："乾为马"。在中国传统文化中，"马"代表着勇往直前、自强不息的精神。

　　跳蹬河街道办事处成立于1962年，辖区内集中了电子、电力、轻纺、医药、建筑等工业企业，有成都红光电子管厂、成都光明器材厂、成都热电厂、川棉一厂、四川制药厂、成都灯泡厂、四川电力送变电建设公司、成都铁塔厂、省建三公司等大中型骨干企业。

　　跳蹬河在20世纪50年代成都东郊工业建设中"一马当先"，在东郊这片热土上，用它的光和热、精与神，树立起东郊工业的标杆。跳蹬河在21世纪初"东调"热潮中，完成了工业转型，以崭新的现代城市面貌和优雅的城市生活环境出现在沙河两岸、成都东部，可谓"马到成功"，让人叹为观止，刮目相看。

牛龙路三次大变脸

　　从清中叶的"湖广填四川"至民国时期，在成都城东华阳县境内有两个十分重要的场镇，一个是今天的牛市口，一个是今天的龙潭寺。两个场镇相距十公里，由一条乡间小路连接，路宽不过两米，是两个场镇农副产品交易的"商道"。牛市口的场期是农历每月"一、四、七"，龙潭寺的场期是农历每月"二、五、八"，场期错开，便于两个场镇之间的粮食、家禽、蔬菜、杂货、农具等农产品和手工业品交易。牛市口到龙潭寺这条乡道，民间就叫作"牛龙路"。牛龙路过了沙河，就是客家人居住的"东山"。沙河是天然的地理分界线，西边是黑土地平原，"东山"是一片黄土浅丘，地势从沙河起渐渐形成小丘、高坡，像微微起伏的波涛一直漫延到华阳县东边的广袤的龙泉山脚下。

　　从地理环境来说，东山跟西边的温江、郫县自流灌溉的平坝土地相比，就要贫瘠很多，人口稀少。但是在从清代中叶开始的"湖广填四川"的移民高潮中，迁来此地的客家人，因土肥水美的平坝地方已经被先期到达的移民占据，只好在东山一带坡地集聚，他们跟当地湖广人逐渐融合，繁衍生息，并把东山开垦成了适合人居的欠发达农业区。

　　牛市口是成都人进行农产品交易的大市场，而耕牛在农耕时代更是农民生产活动的重要工具，由于这里是川西坝和东山之间的接合部，交易耕牛的比较多。牛市口，是以耕牛交易而闻名的场镇，也是成都东大路上的一个重要交通枢纽，是成都到重庆的起点，也是通往金堂五凤溪、龙潭寺的起点。牛市口渐渐成为城东一个大型集镇，人来人往，热闹非凡。

龙潭寺是华阳东山五场之一，在客家人聚居的东山一带名气很大。古龙潭寺有约一千八百年的历史。传说，蜀汉皇帝刘备的儿子刘禅路过此地，因天气炎热，看到一潭碧波荡漾的水，很是喜欢，就下到池子里沐浴。后来刘禅当了皇帝，人们觉得这个地方很祥瑞，就把那个洗澡的池塘叫作"龙潭"，旁边那个寺庙，就取名为龙潭寺。龙潭寺建寺初期，被称为"大庙"，仅供皇亲国戚祭拜，寺院现存蜀汉时期"拴马桩"，文物印证了龙潭寺曾经的"皇家印记"。因为有了蜀汉皇帝的光辉，所以历朝历代，龙潭寺都被蜀人厚爱，特别是客家人入川垦殖后，龙潭寺很快就成了东山一带颇具规模的大集镇。龙潭寺也是民国时期东山一带重要的交通要道，是成都东部通往金堂、中

▲ 客家人赶场　［美］卡尔·迈登斯摄

▲ 20世纪70年代的牛龙公路　［法］布鲁诺·巴贝摄

江连接巴中"小川北"道的重要支线。

牛市口到龙潭寺，经过万年场（五显庙）到十里店成都理工大学，在从地图上看，这条路在跳蹬河辖区画出了一条美丽的弧线，像一张弓。在弓背上有个小地名，叫崔家店。崔家店旧址在下穿崔家店路的关家堰河五十米处，在未建牛龙公路前，是牛市口到龙潭寺乡道上只有几间低矮瓦房和茅草屋的幺店子，跨石平桥两岸一家是卖米的铺子，一家是卖糍粑的小店。路边野店虽小，因为当道，行路必经。往来于牛市口和龙潭寺的行脚客商都会在此歇脚，或买点糍粑打尖。开幺店子的两个店老板都姓崔，是入川的客家人，见此地过往客商比较多，就在路边做点卖米、卖糍粑的过路买卖，赚点小钱糊口，路人便将此歇脚之处称为"崔家店"。在牛龙路上，它和十里店一样，大抵只是一个乡间地名符号而已。不过若干年后，崔家店却名声大振，成为成都乃至整个川西北工业重要的能源基地，其风头大大盖过了龙潭寺。

几百年来，人们就在这条黄尘古道上，推车、抬轿、挑担、徒步行走，踩着泥泞、顶着赤日、冒着风寒，在成都东部翠绿平原与黄土高坡之间碾踏出了意味深长的车辙和脚印。

时间进入20世纪中叶，中华人民共和国成立后，华阳县政府开始对牛龙路乡道进行大规模修整。第一次整修是1951年11月，因为要在跳蹬河、崔家店一带建工厂，1953年1月牛龙公路正式通车。公路起自牛市口，经双桥子、万年场、跳蹬河、崔家店、十里店、大坟包，止于龙潭寺，全长十一公里，路基宽九米，路面宽五米。用碎石铺成的路面，比起过去的黄泥土路宽阔、平坦了不知多少倍，大大方便了往来的行人和客商，可以赶大车、拉架架车了，也能通行汽车，不过那时汽车少得可怜，路面上难见踪影。新整修后的牛龙路正式叫作"牛龙公路"，牛龙公路建成后，崔家店的幺店子也就废了，石平桥当然也不存在了。这是牛龙公路第一次变脸，由黄泥土路变成泥结碎石路，俗称土马路。

20世纪70年代初，东郊工业建设已形成规模，牛龙公路从万年场至十里店一线聚集了不少大中型国有企业，如成都热电厂、省建三公司、省建汽车运输公司、成都客车厂、成都硅酸盐厂和成都地质学院、四川省商业学校等大专院校，牛龙公路上卡车、公交车、架架车、自行车越来越多，混合交通量骤然增加，昼夜行驶的车辆达3000多辆次，泥结碎石路面已不能适应运输需要。1972年3月至10月，成都市市政养护处对牛龙公路万年场至龙潭寺1.5—11公里一段路面进行双层渣油表面处理，路面宽七米，俗称柏油路。全线新建桥梁四座，另有成都热电厂铁路平交道两处，公路等级为三级。公路有了级别，当然比土马路洋气多了。这是牛龙公路第二次变脸，由泥结碎石路变成三级柏油公路。

1990年，成华区建区后，东郊工业建设和城乡建设发展势头十分强劲，奔驰在牛龙公路上的重型车辆"黄河""东风""红岩"越来越多，柏油马路被碾压出许多坑坑洼洼，再加上成都热电厂运煤火车要驰过平交道，红灯闪亮，栏杆放下，来往的车辆只好排队等候放行。自行车、摩托车、行人见缝插针，在汽车的缝隙中穿梭，于是整个道路堵得水泄不通，连步行都困难。一次，我从十里店办完事回城，我们的"北京212"就在崔家店被堵了两个多小时。这还不说，司机开起车就冒火，一颠一簸，不停地换挡。这条路到处都是

"疤"，被来往的司机戏称为"簸箕街"。遇到下雨满路泥坑，遇到刮风黄沙弥漫，"君不见黄沙滚滚来天半，直摧城郭魂欲断"。平时，大货车卷起的尘埃，像雾一样笼罩在牛龙公路上久久不散，再热的天，过往车辆都必须关紧窗户。更苦了过往行人和骑自行车上班一族，都得用手捂着口鼻，防止灰尘进入。所以，这条路又被司机和路人称为"扬灰路"，可想而知牛龙公路的拥堵和路况的糟糕。让司机和路人常常叫苦不迭，怨声载道。

▲ 今牛龙公路崔家店路段　冯荣光摄

牛龙公路已不堪重负，似乎到了崩溃的临界点。

2001年8月28日，成华区牛龙公路（万年场—龙潭寺）改扩建工程举行开工仪式，按照城市道路标准进行大规模改扩建，改扩建后的牛龙公路（万年场—十里店）将成为连接二、三环路的出城快速通道，全长7.8公里。2003年12月牛龙公路全线建成通车，实现了快慢车分道、人车分道，是成华区三条出城主干道之一。道路很大气，宽50米，双向六车道，水泥混凝土路面；两边有3米宽的隔离绿化带，将快慢车道分离开来，慢车道宽2.5米；还有2.5米宽的人行道。干道地下铺设供水、供电、供气、通信、排污、排雨等管线，沿线按规划设置有公共交通站、机动车停车场、加油站、小块绿化地等公用配套设施。这是牛龙公路第三次变脸，由三级公路变为美丽、宽阔、安全、舒适的城市大道。2004年11月11日，牛龙公路正式更名为成华大道（俗称老成华大道）。

生活和工作在跳蹬河的老东郊人，对牛龙公路上的8路公交车可以说有着很深厚的感情。8路公交是成都开通比较早的公交线路之一，1963年线路调整后，8路车从总府街到跳蹬河，1989年线路再次调整，8路车从东门大桥到十里店成都地质学院，全长9.08公里，其中近一半的线路都在跳蹬河辖区，从杉板桥路口就串联起杉板桥路、跳蹬河北路、跳蹬河路、崔家店路沿线的工厂、学校、公司、医院、居民区、菜市场，直到终点站成都地质学院。它承载着东郊创业者和东山客家人的生活苦乐、梦想与远方。成都热电厂子弟校的袁先娣老师、费怀银老师，川棉厂"二代"李在荣师傅，对8路公交车印象极其深刻，亦喜亦忧。喜的是进城或上班方便了，忧的是沿线几个铁路道口经常堵车，上下班就特别恼火。跳蹬河路来往车多，路窄，乘公交的人多，车开得又慢，乘客因拥挤踩踏吵嘴打架的事经常发生，乘客中流行着这么一句怨怼的话："怕挤，坐电抱鸡儿①就不挤！"往往呛得对方打不出喷嚏，只好不作声。不论喜也好，怨也好，8路公交都与东郊人相互见证，相伴到现在。

五十年来，牛龙公路发生的三次大变化，像一部电影叙述三个历史阶段的故事，由农耕时代到工业时代再到现代新型城市时代，这"三级跳"，浓缩了跳蹬河辖区这五十年翻天覆地的巨大变化，让人生出无限感慨。

---

① 指机动三轮客车。1969年成都市东、西城区投入营运的250K型机动三轮，载客两人。因车型酷似电抱小鸡，被幽默的成都人俗称为"电抱鸡儿"或"小爬虫"。因运载量少、收费比人力三轮车高，噪声大，尾气重，20世纪70年代末逐步被淘汰。

"马脖子"上的翡翠项链

沙河，静静地流淌着，它低吟浅唱，轻歌曼舞，在流经麻石桥后，由东往南折向杉板桥、跳蹬河桥，像长长的绿色水袖在麻石桥与跳蹬桥之间，舞出了一条柔美、飘逸的"几"字形线条，让人产生无限的遐想。它像跳蹬河辖区"马脖子"上一串翡翠项链，项链上镶嵌着三颗耀眼夺目的明珠，它们分别是：

麻石桥：沙河八景之一的"麻石烟云"，工业时代的遗址公园。

杉板桥："沙河城市公园"，新时代特色的市民休闲时尚公园。

跳蹬河桥：沙河八景之一的"沙河客家"，农耕时代客家生活的记忆公园。

阅读沙河，如同阅读一本厚重的跳蹬河辖区地方志。沙河向我们娓娓讲述着跳蹬河街道千年沙河历史、三百年客家"填川"移民史、五十年东郊工业建设史和三十年成华建区史。

跳蹬河街道是因为跳蹬河而得名，不妨先说说跳蹬河的由来吧。

牛龙路是旧时成都东部华阳县一条出城往龙潭寺、金堂的一条古乡道。这条古乡道要跨过成都东边最大的河流——沙河，沙河古名又叫升仙水。

有河就有桥，古时沙河上的桥还不少呢。那么，古时在跳蹬河上有没有桥呢？不妨以文物来说事。

1956年，考古工作者在跳蹬河发掘古汉墓时出土了汉代画像砖

　　"车马过桥"，这件珍贵的文物陈列在四川省博物院供人参观。浮雕画面上一辆三匹马拉的一轺（yáo）双骖车从桥上驰过。车上前坐御者，后为吏人，车旁一骑马的侍从随行。桥为平板桥并有木栏，桥下有多根支撑木柱。从画像砖我们可以看出汉代木桥的构建形制和技术水平。

　　成都建桥历史悠久，在沙河上建桥古来有之。秦汉时期，沙河就有著名的升仙桥，后因司马相如在桥头题字"不乘高车驷马，不过汝下"而成为沙河历史上的名桥，被后人称为"驷马桥"。跳蹬河左岸的东山，汉代就是墓葬区，也是成都城东方向通往"小川北"（今川东北）的支路，商旅活动频繁，河上必然会架桥。东山林木蓊郁，就地取材也十分方便。只是，木桥难抵夏季沙河肆虐的洪水，建了被毁，毁了又建，也是沙河历史上的常态。跳蹬河桥本无名，也就没有留下什么名字。

▲ 1956年跳蹬河出土的东汉画像砖"车马过桥"拓片局部　来源：四川省博物院

　　到了明代，跳蹬河桥（现崔家店路与沙河交会处）曾经有一个十分好听的名字，叫"莲花桥"。清嘉庆《华阳县志》卷十二《津梁》载："莲花桥，治东北城外十里崔家店，明时建。"这说明，在明代，跳蹬河上就建有这座莲花桥了，它大约与下游明成化丁酉年（1477）重建的观音桥差不多同一时代，距今有五百多年历史。这座莲花桥可能在清末或民国初年被洪水摧毁，桥名也就不存了。从嘉庆年间到民国二十二年（1933），其间有百余年，在1933年林思进先生主持编撰的民国《华阳县志》之《津梁》中便没有任何记载了。因为河上无桥，人们便在沙河中安放了十个石墩子，方便两岸行人来往。每个桥墩之间有空隙，过往的人要一个石墩一个石墩地跳过去，跳蹬河因此得名。

　　跳蹬河南面不远处即是魏晋时期所建名刹多宝寺，跳蹬河与多宝寺近在咫尺，远离府城。沙河两岸的自然风光清雅宜人，水质清澈，林木蓊郁，鱼翔浅底，翠鸟飞鸣。

　　清人顾汝修[①]在游览多宝寺后，写下了《多宝寺十咏》诗，对跳蹬河至多宝寺这段沙河河道有这样的描述：

　　　　上沿驷马，含烟掠树而来；下汇双江，泛绿浮青以去……并

① 顾汝修（1708—1792），字息存，号密斋，资州人。清乾隆年间官历翰林院编修、御史、顺天府尹、大理寺少卿，官至正一品。1761年奉旨册封安南国王，王有反叛之心，顾汝修戒其恭顺，南疆遂平，乾隆特赐御用华盖一顶以嘉奖。晚年致力于教育事业，出任锦江书院（旧址位于今四川大学内）山长，精通宋儒理学、金石、诗词、书法等，传世著作丰富，是我国历史上影响深远的政治家、外交家、教育家和诗人。

无湍流急浪，最宜画舫之游；虽少峭壁危峰，足写看山之兴。诧密荫之啼鸟，多须问名；数澄潭之䲉（yìng）鱼，不忍投饵。溪边骋目，便有湖海之心；林下停骖，愿为风月之主。

顾汝修笔下的沙河秀丽的风景是真实可信的。当年多宝寺有座渡佛桥，《嘉庆华阳县志》卷十二《津梁》载：

渡佛桥治东城外十里多宝寺侧。相传汉时建，国朝乾隆二年、八年重修。

此桥是通往东山洛带的要道，乾隆二年（1737）修了桥，很可能是木板桥，其间被水所毁。乾隆八年（1743）又重建了一座石桥，顾汝修当年游览多宝寺，被这座沙河上的三孔石桥所迷，写下了"暮霭朝烟锁石桥"的诗句。有了这座石桥，沿沙河边就可以走到跳蹬河对岸了。

说起跳蹬河，在东山客家人中还流传着一个惩恶扬善的故事。

古时，沙河两岸田畴沃野，汲水的筒车在沙板桥与跳蹬河之间的河湾一字排开，筒车悠悠将河水引上东山，清澈欢快的渠水润灌大片农田，一代代客家人在这里辛勤垦殖，在沙河边安居乐业。亲朋好友，姻亲故交，都分散居住在河流两岸。人们的交往频繁，到亲戚家做客，到牛市口赶场，去龙潭寺做买卖，每天都往来于两岸。苦于沙河上没有桥梁，大家到对岸都要绕很长一段路。要么就是坐渡船，怎奈船很小，坐不了几个人。遇到有婚丧嫁娶的，或者是着急赶场做生意的，都要早早出门，排队坐小船或者是走远路过河。

　　当地有一对夫妻，生了十个儿子。他们从小就调皮捣蛋，爬树掏鸟窝，上房顶揭瓦，到后来偷摸扒窃，欺凌弱小，无恶不作。左邻右舍都受到这十兄弟的欺负，纷纷上他们家告状。父母也管不了，十个儿子惹下的祸，让他们无颜见乡亲和邻居，最后活活给气死了。

　　没有了父母的管制，这十兄弟更加肆无忌惮。他们长得膀大腰圆，力大无穷。看到漂亮的女子，就要去调戏甚至强奸。哪家有钱，十兄弟就厚起脸皮上人家家里去借，说是借其实就是抢。要是人家不给，就是一顿棍棒拳脚，没准还会夜里点把火，烧别人的房子。青天白日，他们看到驿道上拉货物的马车，想抢就抢。受害者告到官府，官府派人捉拿，并将作恶者关进大牢。但是他们就敢放火烧监狱，救出他们的兄弟。这十兄弟成了远近闻名的地痞恶棍。

　　多宝寺的高僧听说了这件事情后，开始做法事。高僧念动咒语，让这十兄弟胃口慢慢地败下来了，原来每顿可以吃一个猪蹄膀，再加十来个锅盔，到后来只吞得下半碗稀饭。没多久，他们个个面黄肌瘦、手脚无力，不管吃什么药都不见效，生活也不能自理了。

　　十兄弟最后沦为乞丐，每天只能靠要饭度日。乡邻见他们可怜，也不计较他们过去的罪恶，便施舍些食物给他们，十兄弟感激涕零。也许是天意，也许是良心发现，这十兄弟感觉自己前半生实在是作恶多端，太对不起这些善良的乡亲们。于是，十兄弟商量，想为乡亲们做点好事来弥补过失。

　　他们看到，由于沙河上长年没有建桥，两岸的乡亲要走很远的地方才过得了河。十兄弟想，我们何不去河里，给他们当桥呢？于是他

▲ 重修之后，设于河流上的跳蹬　冯荣光摄

们跳到沙河里，变成了十个石墩子，连接着两岸。从此，两岸乡亲们过河就方便多了。这改恶从善的故事耐人寻味，成为客家人教育下一代怎样做人的"教科书"。于是，"跳蹬河"的名字便流传至今。

客家人的善良和宽容、勤劳和朴实，造就了沙河客家特有的生活风俗和农耕文化。

在车水马龙、宽阔大气的跳蹬河桥，在高楼林立、柳浪闻莺的沙河两岸，我们在寻觅着客家人过去的生活场景，"渐行渐远渐无书，水阔鱼沉何处问"？

我向跳蹬河桥旁修电瓶车的老板了解跳蹬河的前世，老板不好意思地笑笑，说他不是跳蹬河的人，不知道这里的情况。旁边有位给电瓶车充电的老人接过话，朗声说："牛龙路没有铺柏油马路那时候儿，这里是个陡坡，再过去就是一砖厂。拉砖石、水泥的架架车进城，排起队在这里放坡。尾巴杵地，前头翘起，拉架架车的两只脚在空中乱晃，大声武气地狂吼：'闪开！闪开！'你没有看到那个阵仗，从坡上冲下来，一直要放到跳蹬河桥那边。撞到人，不死都要脱层皮。以前没得桥，大家就踩着石墩子过河。解放后，这里要建电厂，就架了木桥。"看得出，他对跳蹬河这一带非常熟悉。

2003年，成华区在整治沙河之时重建了跳蹬河桥，将这里打造为"沙河客家"文化景点，成为沙河八景之一。跳蹬河桥两侧的栏板、梯道，是一幅幅沙河客家农耕时代生产、生活场景的艺术浮雕：挑担子、补水缸、倒糖饼、卖货郎、搬罾、捕鱼、筒车、渡船、推鸡公车、弹棉花、抬石头、纺线线、卖灯草、捏糖人、打铁、水碾、踩水车、游泳……这些画面既亲切又久远，既生动又温馨，常常唤醒我童年时代的幸福记忆，仿佛就在昨天：守在糖饼摊前，我们最大的希望就是能摸到一个"赵"字，把草把上插的"黄金龙"拿回家；每天夜晚，奶奶嘤嘤嗡嗡地纺线线，像一首催眠曲，让我在纺车的音乐声中安然入睡；忘不了和小伙伴在沙河边采摘桑叶，看着纸盒中的蚕宝宝一天天长大的期盼；忘不了在沙河中脱得光溜溜地摸鱼捉螃蟹、戏水打闹，当然，"裸泳"的代价是回家后饱尝一顿"笋子熬肉"（鸡毛掸子打屁股），皮肉的疼痛与过年吃回锅肉的美好同样记忆深刻。

成都民俗文化研究学者、民国老川大毕业生何韫若先生在《锦城竹枝词》中对沙河客家生活与民风民俗多有描述：

物分贵贱此为轻，大堆曾不过半斤。区区小草亦天赐，生辉斗室送光明。（卖灯草）

手摇铃鼓响丁东，街头巷尾喜相逢。红粉赤绳郎尽有，针头

麻线助妇功。（货郎）

古称"不借"草麻编，几度跋涉便弃捐。赤足自难登大雅，鸡声茅店几人闲。（卖草鞋）

巧手织笼用麦株，长竿高挂转通衢。新摘南瓜花正好，梦回倚枕听"姑姑"。（卖叫姑姑）

技工肖物十指翻，五色杂糇只面团。妆成墨镜摩登女，"表面文明"举世看。（捏面人）

曙晓笼鸡入市中，高低有价论雌雄。任它轻重凭心算，不爽毫厘显异聪。（鸡贩子）

熬醋远闻扑鼻香，调羹敲碗唤客尝。铜勺舀入惊白嫩，下咽徐徐慎舌伤。（豆花担子）

赤羽轻挥二三回，窗明几净少尘埃。元无一物诚高谛，奈有六贼时侵来。（卖鸡毛掸）[a]

"逝者如斯夫，不舍昼夜"，客家人过去的生活痕迹已随沙河静静地流向了远方，如今他们在新的环境中享受着新的生活。跳蹬河桥旁边建有客家文化广场、沙河绿化休闲长廊、沙河健身绿道，隔着多宝寺路还有多宝寺公园。恋人们在河边悠闲地散步，孩子们在放风筝，钓迷们在河边垂钓、打沙虫，大妈们怡然自得地跳着广场舞。还有不少退休的"老玩童"在挥鞭玩牛牛儿（陀螺），啪啪啪的清脆鞭声，嗡嗡嗡的陀螺声中，他们脸上洋溢着快乐，仿佛沉醉在顽皮的童

① 何韫若著：《锦城旧事笔枝词》，巴蜀文化丛书编委会（内部资料），2000年。

年时光里。

再说沙河上的麻石桥。麻石桥曾经叫"蟆（má）石桥"，蟆即"癞蛤蟆"，又叫"癞疙宝"。民国《华阳县志》载："蟆石桥，治东七里欣联保境内。黉门堰正流石材平式三洞。民国五年（1916）重修。"蟆石桥的建桥形制有些像塔子山五桂桥，桥建成后，由于桥面所铺石条凹凸不平，形同癞疙宝背上的疙瘩，麻麻点点的，有些丑陋，就被叫成"蟆石桥"。

"蟆""麻"同音，也许当时的人认为，"麻"比"蟆"好认又好写，以后，人们就约定俗成写作"麻石桥"。

麻石桥沙河北岸是沙河八景之一的"麻石烟云"，此地曾是著名的82信箱（成都宏明无线电器材厂）旧址。82信箱"东调"搬迁后，对留下的部分车间厂房进行改造，对周边环境进行了文化创意设计，

▲ 麻石烟云"建设者"雕塑　冯荣光摄

打造为"麻石烟云"主题公园和"成都东郊工业文明博物馆"。

在麻石烟云公园广场，耸立着一座著名的不锈钢雕塑"建设者"，高十米，一个巨大圆环形钢管上站立着一个昂首挺胸意气风发头戴炼钢帽的年轻男工，另一个是长发飘逸横腿斜坐手拿电焊防护面罩的年轻女工。这是20世纪80年代初由原四川省雕塑艺术院院长任义伯创作的，作品曾获得全国城市雕塑优秀奖。1985年，这座雕塑安放在水碾河成都饭店蜀都大道与一环路交叉的路口街心花坛，一时轰动成都。麻石烟云公园建成后，于2005年将这座"建设者"雕塑从水碾河移到沙河边上来，让它真正回到东郊这个"家"。这座雕塑成为五十年东郊工业的纪念，让人怀想东郊建设火红的年代，它与"成都东郊工业文明博物馆"和"东郊记忆"景点相映成趣，保留了20世纪东郊工业时代永不消逝的魂。

在广场一侧，保留着一段82信箱的铁路专用线，铁轨上陈列着一台老式蒸汽机车。这台机车由铁道部唐山机车车辆工厂制造、车头铭牌上标着"SY（上游）1110"号的机车，是成都无缝钢管厂的货运专用机车。1980年6月投入使用，2005年退役，在东郊铁路专用线上跑了二十五年。黑色的车身，红色的轮毂，虽然风雨侵蚀显出斑斑锈迹，但那雄健的钢铁之躯和粗犷的气质，仍然不失当年叱咤风云的雄风。

1980年6月"SY（上游）1110"号火车从唐山开进成都无缝钢管厂，这是唐山机车车辆工厂为工矿企业设计制造的1200马力小型蒸汽机车，主要用于工矿企业铁路专用线货运周转。1980年后，成都无缝钢管厂跑的都是SY（上游）编号的蒸汽机车，承担着全厂的铁路运输。这种上游编号机车，无缝钢管厂共有七台，算是东郊工厂里的大"富翁"。厂里还有铁路运输工厂站，负责将外运的钢管车皮编组成列，然后运到成都东站货运编组场站。当年"SY（上游）1110"号第二任机车长卢荣忠师傅说："我们的主要任务，就是负责物资的运送、周转。"卢师傅每天都要开着1110号火车从八里庄东站将工厂生产所需的生铁、石灰石、钢锭等原材料运回工厂，再将工厂生产的成品钢管运到火车东站，在东站编组后通过干线铁路发往全国各地。运输任务十分繁重，仅1976年至1978年，铁路总运量就达到1944.8万吨。火车司机轮流倒班休息，但是"人歇车不歇"，1110号火车头二十五年来从来没有停下过。

如今，蒸汽机车早已被"子弹头"机车代替，生活在"高铁时代"的老东郊人、新成华人仍然对这台蒸汽机车满怀感情，它是工业时代的历史文物。老东郊人是为了怀旧，新成华人是因为好奇，不论

▲ 红色的车轮承载了一个时代的梦想　冯荣光摄

怀着怎样的心情，大家都喜欢站在火车头或站台上摆个姿势，拍张照留作纪念。

杉板桥位于跳蹬河桥与麻石桥之间，正好在沙河"几"字顶部。气势磅礴的新成华大道，像一支搭在弓背上的箭，穿云破雾射向远方。这是成华区一条出城大通道，在十里店路连接沪蓉高速和成巴高速。杉板桥，顾名思义是在沙河上搭建的一座用杉木板铺就的木桥，在沙河上是一座很简陋的桥，名字当然取得比较直白，没有文学含义。以前这里是没有桥的，东郊开始建设了，就搭建了这座简易的木桥，以利交通。然而，从那个年代开始，杉板桥就一天天"洋"起来了，成都红光电子管厂（106信箱）、成都光明器材厂（35信箱）、四川制药厂、四川抗菌素研究所、成药三厂等大中型企业相继在这里安家落户，这些响当当的大工厂和科研单位，让杉板桥的名气也跟着响亮起来。杉板桥与二仙桥、八里庄、麻石桥、跳蹬河、双桥子等地名一样，成了东郊工业街区的代名词，新型的工业厂房和幽雅的环境让成都人耳目一新，赞叹不已。

阳春三月的一个早晨，我骑着共享单车来到沙河边溜达一圈。时过境迁，当年的工业街区在"东调"后已不复存在，沿河两岸是风景秀丽的沙河城市公园。公园由阳光大草坪、滨水骑游道、成华记忆廊、音符漫步道、儿童乐园、沙河吊桥、观演集会平台等景点构成。早上空气清新，有不少人在这里用手机"走步计数"，或者晨练，或者像我一样骑着单车在绿道上优哉游哉。

这个公园颇具创意特色的是，将工业元素、工业材料和音乐符号集合起来，热爱音乐的成华人，将音符注入城市生活中，运用视觉艺术形式，诠释音乐与城市、音乐与河流、音乐与工业、音乐与生活的美学关系，简直幸福得一塌糊涂。

▲ 沙河城市公园音符漫步道
冯荣光摄

旭光路沙河边，沿河梧桐树下有一条百米长的休闲步道，叫"音符漫步道"，用钢管做成像排箫一样起伏的河堤栏杆，赭色与黄色相间，在排箫式栏杆上面有许多五线谱音符。过了吊桥，来到阳光大草坪，草坪上有一座赭红色的方形台座，它的四面有不同的剪板图案，有五线谱音乐符号、齿轮和仪表、339熊猫电视塔等。在公园对面的东郊记忆音乐公园，街面上也有不少用工

▲ 建设南支路上的音符漫步道
冯荣光摄

业材料制作的音乐符号，构成城市一道特别的雕塑风景。带着音乐符号的沙河风悠悠飘来，仿佛让你聆听沙河流韵，欣赏一曲雄浑的工业交响乐。有重金属的碰撞声、汽锤冲压的咚咚声、供热管道咝咝的喷雾声、火车奔驰的隆隆声、机床开动的马达声、金属切削的尖啸声……那些熟悉的声音，让人怀想远去的东郊工业时代。

沙河的音符，不仅来自工业时代的交响乐，还有那个"几"字形河湾五架古老的高大筒车吱吱呀呀汲水的转动声，牧童坐在牛背上吹

笛的悠扬声，挑担货郎叫卖的拨浪鼓声。当然，还有一种铃声在沙河回荡，它的乐声更悠远、更古老，来自两千多年前的历史深处。

1956年，文物考古工作者在跳蹬河发掘出了一件西汉青铜铃，被命名为"成都跳蹬河铃"，器物收藏于四川省博物院。青铜铃保存十分完好，敲击时发出的乐声还是那么清亮、纯真。《中国音乐文物大系·四川卷》对"成都跳蹬河铃"的描述是：

> 桥形钮，铃体扁圆形，铣微下垂，于口稍上弧收，略敞，呈喇叭状。长条形铃舌系于舞顶。两面纹饰相同，两侧对称饰圆心四瓣花纹。

这是一种悬挂式青铜铃，酷似钮型青铜编钟的形制，属于西汉宫廷或王府雅乐类的敲击乐器。时隔三年，1959年在成都北门羊子山土台遗址，文物考古工作者又发掘出一件西汉铜铃，命名为"成都羊子山铃"，形制与"成都跳蹬河铃"相似，只是纹饰有所不同，"两面饰三角连纹和乳钉枚"。这些出土器物说明西汉时代蜀郡（成都）已具有比较先进的音乐文化，这两件器物上的纹饰有着十分鲜明的古蜀文化特色。

青铜铃是我国最早出现的青铜乐器，三星堆、金沙遗址都出土了数量众多的古蜀时代的青铜铃，属于早期的青铜乐器，证实古蜀时期就有了成熟的礼乐制度和宫廷乐舞，也印证了古蜀青铜铸造业的发达。西汉时期，成都已发展为全国第二大城市，文化艺术出现了一个高峰，宫廷乐舞依然传承了古蜀文明的遗风，民间工匠铸制的青铜铃乐器在造型、纹饰等方面依然保留着许多古蜀文化特征，让我们今天能一睹两千年前的风采。然而，自汉武帝始，就将民间私营铜、铁、陶等铸造业统统收归"国有"，严禁民间工匠和作坊制作、生产和销售铜、铁、陶等器物，从此，古蜀文化元素便在这些器物上消失殆尽，湮没在滚滚的历史烟尘之中。"成都跳蹬河铃"则成了古蜀文化的最后证物，同时也佐证了成都作为"音乐名都会"的久远历史。

杉板桥沙河右岸，是一块很大的带状绿地，高大的乔木和灌木层次分明，翠绿、浅绿、油绿相间，很是宜人。在绿色的小径间走着走着，面前出现一道高高的围墙，这就是成都市第四净水厂。

跳蹬河街道锦绣社区杨忠勇老师，带我们走进这个净水厂参观。厂区内树木成林，环境清幽，要是没有围墙，就跟外面的沙河公园绿地融为一体了。厂里的小黄带领我们参观了净水厂的工艺流程，给我们介绍工厂经过多次升级改造的情况。

21世纪初东郊企业腾笼换鸟，成华区要把东郊打造成宜人宜居的新东郊，就要对污水处理厂进行技术改造、功能升级。成都市第四净水厂工程分两期进行，第一期工程在2004年正式建成，可以日处理污水十万吨。两年过后又升级改造，可以日处理污水十五万吨，解决成都市第六排水区约七十平方公里的污水处理，这些污水通过地下排污管道流入第四净水厂进行污水处理。

厂里的设备相当先进，污水从管道流进厂里，经过粗格栅渠过滤，然后提升泵将污水提升到细格栅渠，经过曝气尘沙池，过膜格栅站进行中间提升，再经过生物池、膜池、紫外线渠。污水经过粗大的管道流入净水处理池，整个工序过程都是密封式的，没有污水泄漏，没有臭味刺鼻。处理后的污水成为循环再生水，达到国家的排放标准过后，再排放到沙河里。难怪这个厂子占地面积不大，却能够高效处理那么多的城市污水。正是有了这些净水厂，我们的生活才变得如此美好。小黄还热心地告知我，现在成都市内有七个净水厂，在中环大道内只有这个第四净水厂，东郊工业厂矿都搬迁了，这个厂没有工业废水可处理，处理的都是城市居民生活废水。最大的净水厂是成都绕城高速边的白鹭湾第九净水厂，每天可以处理一百万吨的废水。随着城市的发展、城市人口的增多，净水厂可能还要继续扩大规模，才能满足环保和河流净化的需要。

我们在厂里走了一圈，感觉这里完全不像是什么污水处理厂，环境优美、安静，空气清新，就好像走进了高新区的花园式科研、设计单位一样，让我们的心情特别舒畅。

铁路线穿越东郊

在新成华大道下穿隧道旁，成都灯泡厂程国杰师傅带着我在这一带转悠，他指着街两侧告诉我："我们工厂的位置就在这里，加上旁边的温度表厂，还有几个生产队，现在统统变成了'招商·中央华城'的楼盘。现在的杉板桥公园，是我们的生活区；我们原来的车棚、单身宿舍、医务室在现在的新成华大道，也就是杉板桥路的路中央。工厂后面是铁路，从火车东站开过来的火车，是专门给成都热电厂拉煤，给川棉厂拉棉花的，还有牛市口钢管厂那边运钢管的火车都要从我们厂外面的铁路上开过去……"

程国杰师傅说到的这条铁路，就是纵贯东郊工业区的铁路专用线，在2005年版《成都市街道详图》中还能看到这条铁路线。

这条铁路从八里庄火车东站南下，直到五桂桥成都无缝钢管厂，由北向南穿越整个东郊工业密集区，经成都无缝钢管厂连接成昆铁路线上的沙河堡火车站，长约二十公里。它是东郊工业区的钢铁脊梁，将东郊许多工厂紧密地联系在一起。铁路沿线聚集了许多大中型国有企业和无数的物资仓储单位，从北往南，依次是铁二局第一材料厂、成都铁路局材料总厂、铁二局机电储运总站、省建三公司材料储备库、西藏自治区商务厅成都采购站、四川省物资储运公司、成都市金属材料公司、成都灯泡厂、四川电力送变电建设公司、107信箱、106信箱、35信箱、82信箱、成都热电厂、成都铁塔厂、川棉一厂、成都玻璃厂、420厂、成都无缝钢管厂等，几乎覆盖了成都二环路外以东、成昆铁路以西这一大片区域，承担了这些工厂和物资储备仓库大量原材料、产品、设备、器材、物资、后勤的繁忙运输任务，堪称成都东郊工业区的运输大动脉。

这条铁路专用线于1954年3月开始线路勘测，初测选线5.52公里，是成都热电厂运输煤炭的专用铁路，在专用线设计过程中，与成都热电厂毗邻的西南无线电器材厂（82信箱）、新兴仪器厂（69信箱）、锦江电机厂（107信箱）和雷达厂等大中型军工企业正处在建厂阶段，那时公路运输还非常落后，大量物资需要通过铁路运输，才能满足建厂的需要。这几家军工单位筹备组与成都热电厂签订了联建铁路专线的协议书。联合单位同热电厂各承担投资的50%，其余各厂专用线投资自理。同年11月，东郊铁路专用线正式开工建设，在铁二局职工的积极努力下，施工进展迅速，用了四个多月时间，于1955年3月24日竣工，25日全线试车，经验收合格移交使用。以后，随着川棉一厂、420厂、成都无缝钢管厂相继在麻石桥、双桥子、牛市口兴建，1959年4月，铁路专用线就延长到成都无缝钢管厂，最后形成完备的东郊工业区铁路专用线运输网络。

我采访了曾在四川电力送变电建设公司工作过的肖大姐，肖大姐的丈夫是部队上的干部，1963年就转业来到这里工作。1979年肖大姐也调到了这里，他们是湖南人，说起当年这里铁路的繁忙景象，肖大姐记忆犹新：

20世纪七八十年代，每天都有各大工厂的专列在这条铁路线上奔跑，火车轨道跟道路交叉的平交道口很多地方都设置了道闸。公司大

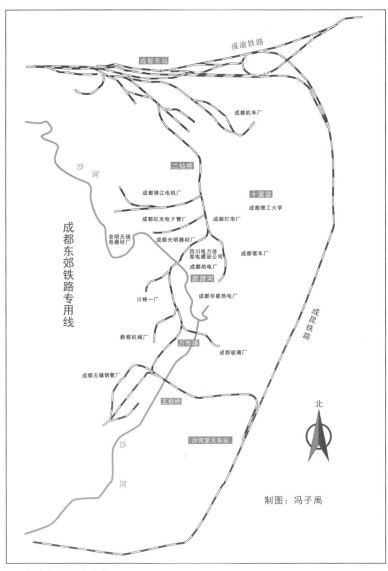

▲ 穿越东郊的铁路线

门外面就是好几条铁轨，至今还留在那里，没有拆除。那个道口是最繁忙的地方，道口边有一个值班的小房屋，24小时都有人值班。道闸是一根涂着红白相间颜色的长长竹竿，近端的一头用一个石头压重。没有火车经过时竹竿是朝天翘着的，人们可以正常地穿过铁轨，来去自由。火车快来的时候，一般提前10分钟左右，道口的警铃就响了。这时，道闸工作人员就要把竹竿放下来关闭道口，禁止大家穿越铁路。道闸放下了，是不能硬闯的，大家都站在道口两边静静地等着。不一会儿，一列满载货物的列车一路鸣着汽笛"轰隆隆"地开过来。那庞然大物呼啸而来，大地都在颤动，瞬间一阵狂飙，仿佛要把人都刮走似的。看到火车渐渐远去的背影，上学的孩子们都要禁不住好奇地问大人："这些火车从哪里来，要开到哪里去呢？"

2009年春，我徒步沿着这条铁路专用线寻找昨日东郊工业的记忆。没有火车呼啸的那条铁路早已锈迹斑斑，成了人们休闲散步的便道。通往川棉厂的铁路已经拆除了，封闭的路口长满杂草。不远处是成都热电厂沙河铁路桥，不断地有人推着自行车翻越那道已经废弃的铁路。铁路桥那边就是成都热电厂，整个厂区已全部拆光了。待开发的空地上，疯长的则是迎风摇曳的一片荒草。成都热电厂的陈平师傅向我介绍，他们是热电厂的子弟，从小在沙河里玩，在桥上跳水，胆子小的站在桥墩乌龟背上跳，胆子大的在铁路桥栏杆上跳。只是岁月悠悠，河水污染，再也看不到孩子在河水里玩了。消失了的高烟囱和冷却塔，寂寞了的铁路专用线，总让人心里有着难以释怀的工业情结。

2020年元月，一个阳光明媚的日子，当我再次寻找这条铁路线

▲ 穿越东郊的铁路专用线　冯荣光摄

时，它在成都城区地图上早已没有了踪迹。在崔家店北一路四川电力送变电建设公司门前还残留着几条没有拆除的铁轨，一些小贩占据了那里，铁轨上摆着卖菜、卖爆米花和红苕粉的三轮车，昔日火车运输繁忙的景象荡然无存。顺着旧铁路再往前走，就是新成华大道旁的杉板桥公园。公园里还保留了一段遗存的铁路，铁轨上停放着两节绿皮火车车厢，供游人参观、拍照。

　　这里原是1996年成都热电厂铁路专用线技改工程走引线的一部分，在公园对面成都灯泡厂厂区外则是东郊铁路专用线工业编组站场。工业编组站场共有九条铁路线和一条机车准备线，供成都热电厂运煤火车停放和编组。2009年6月，我去抢拍东郊铁路专用线时，这个编组站还在，它的气势仅逊于成都东站（货运编组站）。站在这

里，向南望去，跳蹬河南路嘉陵电厂高耸的烟囱和冷却塔仿佛就在咫
尺。铁轨上没有来来往往的火车奔跑了，杉板桥路（现新成华大道）
火车平交道口两根红黑白相间的栏杆朝天立着，汽车、自行车在铁轨
上自由地穿行。场站九条往日锃亮的铁轨已失去了风采，铁锈斑斑。
几个穿着漂亮的女孩手拉着手在铁轨上做着各种造型，她们的同伴拿
着相机不断地变换着角度，给她们拍纪念照。

　　公园对面是当年东郊铁路专用线工业编组站场，九条铁轨已经全
部拆光，圈围着的旧址上长满杂草，等待着房地产开发。旁边崛起的
那片摩天大楼，就是"招商·中央华城"的楼盘，与车水马龙的新成
华大道构成现代城市和谐的美景。

沙河边摆成华故事

名不虚传的"长寿社区"

在跳蹬河右岸有个东篱社区，东篱社区很年轻。过去，这里是一片农田，属于保和乡联合大队。20世纪80年代末期90年代初期，成都市内进行大规模城市升级改造，街道拓直拉宽，水电气路网改造升级，还有光纤、电视电话入户等，拆迁了很多的老旧小区和棚户区。联合大队的地盘上修建了安置房，经政府统一安排，这些拆迁户有些就搬到了这里居住。这片小区取名"东篱社区"，非常富有诗意和美感，让人想到陶渊明的"采菊东篱下，悠然见南山"一千多年脍炙人口的诗句。当然，这里没有"南山"，悠然可见的是风光秀丽的沙河。

东篱社区虽然在跳蹬河辖区是个比较小的社区，但远近闻名，是成华区名副其实的"长寿社区"，寿星们在这里安享幸福的晚年。这让我很感兴趣。

2019年春天，东篱社区的牛大姐带我在社区内随意逛逛，随便哪里都看见有耄耋老人坐在门口聊天晒太阳，有这么多的长寿老人，的确让我很惊异。牛大姐一路给我介绍情况，东篱社区总共有三千五百多户人家，居住人口一万一千多人，八十岁以上的寿星就有一百七十多人，其中八十到九十岁的老人有一百四十多人，九十岁到一百岁的老人有三十二人，百岁以上的寿星有三人。这个数字真让我吃惊，小小的社区，居然有这么多的长寿老人！让人不得不去思考，去探究这些老人健康长寿的原因。

八十七岁的曾维素婆婆和九十岁的老伴周树基，于20世纪90年代末从市区猪市街搬迁过来，有一套近六十平方米的套房，房子里有独立的厕所和厨房，有规规矩矩的寝室和客厅，这在当时是相当好的房子。他们一直很满意这个房子，很快就适应了这里的生活。转眼二三十年过去，这里已经是成都市的中心区了，就在东二环的旁边，交通相当方便快捷，各种生活设施也齐备。现在房子虽然小些，但是老两口住习惯了这里，还是感觉很不错。

八十八岁的罗仕芬婆婆，也是那个时候从城里纱帽街搬迁过来的老住户。还有一个阿姨，当时从龙泉驿山上嫁到联合五组，后来房子修起了，跟丈夫林美清一起，就一直居住在这里，现在还是夫妻恩爱，相依相伴。

也是搬迁过来的彭和声老先生告诉我，这里原来都是农田和荒地，因为要安置很多的拆迁人员，才开始修建安置房。这里因拆迁来的人很多，万年场街道拆迁过来的，人民南路拆迁过来的，还有过去联合四组、五组、六组的。

我在采访中，看到很多老年人在这里生活得相当快乐。东篱路社区建有"养老日间照料中心"，还挂了"健康驿站"的牌子。很多老人选择在日间照料中心吃饭，非常方便，饭菜合口味，价钱也不贵。跳蹬河街道老年协会活动地点也在这里，老人们在这里打牌、晒太阳、遛鸟、摆龙门阵。

原东篱社区主任费怀银老师告诉我，他们社区曾在2002年为社区五十对金婚老人举办集体庆祝活动。刘宗慧夫妇婚龄有六十多年，超过"钻石婚"；祁氏夫妇婚龄超过七十五年，超过"白石婚"。这么高寿的老人，听后叫人啧啧称奇。能够双双活过七十岁到"金婚"的夫妻不是很多，"钻石婚"和"白石婚"更是稀少。

参加五十年"金婚"的五十对夫妇，还不是当时社区的全部，主要都是热电厂的退休职工，其他的人还没有统计进来。当时举办活动，得到一些企业的大力支持，有来免费给他们拍金婚纪念照片的，还有送被套的，送保温杯的，礼物虽然小，但是表达了整个社会对长寿老人的关爱。

社区里还有一个老年写作组，是由一批爱好文学的退休老人组成的，以文会友，互相交流，互相品评作品，互相鼓励写作。老年写作组有十来个人，主要成员有袁先娣、费怀银、郑富慧、庄兴隆、唐明强、陈永芝、何其松、杨代珩、尹玉龙、肖仲谦等。这群退休老人，年长的八十二岁，最年轻的也五十有七了。他们吃穿不愁，儿孙满堂。辛劳了大半辈子，正是在家颐养天年的时候，却提起笔来搞写作，并从此一发不可收拾。

写作组的活动从1995年开始，一直坚持了二十余年，恋上写作，不知老之将至。随着老人们的岁数越来越大，有的人已经去世，有的人因为生病行动不方便，写作组的活动才慢慢停下来。

二十多年的坚持，让大家获得了相当自豪的成就感，直到今天，很多人都记忆犹新。他们在《中国老年报》《晚霞报》《婚姻家庭》和电力系统内部各级各类报刊发表作品近千篇，还参加了各级报刊的征文活动，有的屡屡获奖。

2006年10月，费怀银老师在《新成华报》上发表了《笔耕不辍，不知老之将至》的文章，专门介绍社区老年写作组的活动情况。

他们是一群不老的老人，有着同一的追求——生命不息、奋斗不止，有着同一的人生态度——老有所为、老有所乐。在写作中，他们活得潇洒，活得自在，活得快乐。

写作组创始人袁先娣先生，是一位资深撰稿人，也是写作组里公认的良师益友。退休十来年里，年年都有一百多篇文章见诸报端，其中不乏精彩作品。大家称誉他是"高产作家""笔杆子"，可他总谦和地说："老翁无非练练笔而已。"

上甘岭英雄尹玉龙是成都热电厂退休职工，他参加老年写作组之后，更加豪情满怀，他说："抗美援朝为保家卫国，我投笔从戎，如今我要提笔把战斗经历，把毛泽东、周恩来、朱德等领导人接见时的情景笔录下来，献给广大读者和年轻一代。"他已撰写了《难忘的回忆，幸福的时刻》《怀念周总理》《我给朱总司令敬酒》《在三八线上战斗的日子》等文章。

杨代珩师傅只读过两年初中，是老年写作组的"文学发烧友"。虽然文化底子不厚，但他酷爱文学、刻苦写作的精神堪为楷模。自参加写作组后，他一头扎进古今丛书，苦苦"啃"读终得结果。仅2005年，他就发表了《党旗徽章》《祝贺大熊猫入选奥运会吉祥物》《跳蹬河新桥素描》等八篇佳作。

陈福华老人一生酷爱书法，在六十岁以后，他花了十几年的工夫，抄写了中国古代四大名著。陈老抄写很有讲究，通常是选用比较好的宣纸，经裁剪后，装帧成仿古线装书那样的版本，用小楷一个字一个字工工整整地书写出来。在社区的文化活动中，拿出来展览过好几次，都被大家争相传看，很是珍贵。

东篱社区这群老人在夕阳的照耀下，沐浴着沙河和煦的春风，幸福快乐地生活着，有滋有味地写作着，这或许就是他们健康长寿的秘诀吧！

永不褪色的军功章

"一条大河波浪宽，风吹稻花香两岸。我家就在岸上住，听惯了艄公的号子，看惯了船上的白帆……"这是电影《上甘岭》影片中女卫生员王兰唱的主题歌。很多20世纪五六十年代出生的人都看过这部经典电影，大家无不为那惨烈的战争场面震撼，无不为我们英勇的志愿军战士的勇敢而自豪。可是你知道吗，电影中的女卫生员王兰的主要原型之一，就是我们故事中的主人公，他的名字叫尹玉龙。

2002年初冬的一天，我来到东郊跳蹬河北路成都热电厂家属区宿舍，轻轻叩响了尹玉龙的家门。尹老将我引进他的房间，沏了一杯碧螺春。呷着香茶，我打量着老人，只见他满头银发，脸庞红润，身体硬朗。虽是第一次见面，却感觉没有什么拘束，就像相识多年的"忘年交"。

尹老是抗美援朝上甘岭战役一等战功、朝鲜民主主义人民共和国一级战士荣誉勋章和军功章的获得者，特级战斗英雄黄继光生前战友，成都热电厂退休干部。当尹老拿出珍藏着的那一枚枚依然熠熠闪亮的军功章时，他抑制不住内心的激动，向笔者讲述了五十年前朝鲜战场血与火的战斗历程。

1950年朝鲜战争爆发，尹玉龙正在四川叙永县读初中，当时还不到十六岁的尹玉龙，毅然投笔从戎，成为中国人民志愿军15军45师133团1营3连一名卫生员。在部队接受了简单的医疗护理培训后，1951年3月29日晚跨过鸭绿江，随即开始了历时三年的抗美援朝战争。

小小年纪为什么要从军上战场？在采访中，尹老给我讲了他从军报国的来龙去脉。

尹玉龙至今还忘不了父亲尹璧如给他的影响和熏陶。父亲早年是护国军蔡锷将军和朱德旅长麾下的营长，在护国战争中是位铁血军人。在川南纳溪上马场激战中作战英勇，为护国军进军泸州立下战功。在尹玉龙年幼时，父亲尹璧如经常给他讲岳飞抗金的故事，讲蔡锷、朱德在护国战争中的故事。因此，在尹玉龙骨子里从小就注入了民族英雄岳飞"精忠报国"的气节和血性，血管里流淌着父亲铁血军人的遗传基因。

在三年抗美援朝战争中，尹玉龙参加过四次战役，经过四十多次战斗，击毙了三十八个美国鬼子，缴获各种轻武器二十三枝，先后从战场上救出了八十三位负伤的战友，从被敌机炸塌的房屋里救出了十三位朝鲜老乡。他曾经三次负重伤，他的肩、腰和右腿都中过敌人的枪弹，身上的枪伤造成了他终身的痛苦。在艰苦卓绝的上甘岭战役中，尹玉龙有非常突出的表现。在上甘岭战役中，他们连队绝大部分都壮烈牺牲了，他是七名幸存者之一。

　　上甘岭战役是朝鲜战争中最惨烈的战役之一。1952年10月14日凌晨5点44分，战斗正式打响，美军对597.9和537.7高地的轰击尤其猛烈，使用了三百门火炮、二十七辆坦克和四十架飞机，火力密度高达每秒落弹六发。在537.7高地5号阵地上坚守了一昼夜的我方7连、8连，伤亡惨重。为了救护受伤的一个个战友，十八岁的尹玉龙冒着枪林弹雨时而在战壕里匍匐前进，时而在弹坑间跃进。一次，当他背着一名断腿的战友冲到坑道口时，一颗飞来的炮弹在身边爆炸，强大的气浪竟把二人掀进了坑道。

　　敌人凭借强大的火力和兵力攻占了地表阵地，3连奉命转入地下坑道进行坚守。当时，通往后方的交通线被美军的炮火严密封锁，造成坑道部队缺粮断水少药的极其困难局面。

　　尹玉龙一心想减轻战友们的痛苦，总想在坑道里找到点什么有用的东西出来。他用缴获的战利品弯把手电筒，找遍了坑道里的旮旮旯旯，终于让他找出了五支牙膏。他想，这东西能不能减轻干渴呢？就挤了点牙膏在嘴里试了试，先觉着甜中带辣，少倾，口水居然冒了出来。他马上去找副连长汇报。副连长也试着往嘴唇上抹了点牙膏，感觉很凉爽。就指示由他保管牙膏，一天三次，由他负责在战友们的嘴唇上抹牙膏。战役结束以后，"五支牙膏打胜仗"不仅一时传为佳话，这个细节，还被电影《上甘岭》导演沙蒙拍了进去。

　　10月21日，是坚守在坑道中的尹玉龙毕生难忘的日子，他掏出随身携带的小笔记本，咬破右手中指，用鲜血在纸上写下了入党申请书，双手递给副连长，表达了自己强烈的入党愿望。副连长庄重地说："尹玉龙同志，我代表组织，批准你入党。"他从此成为一名火线入党的共产党员。

1957年7月中旬，他所在的部队在山东青岛执行国防施工任务，尹玉龙和战友们受到了前来视察工地的周恩来总理的接见。1960年10月25日，为纪念中国人民志愿军入朝参战十周年，朝鲜驻华大使李永镐和夫人在北京饭店举行盛大宴会。在酒会上，尹玉龙被战友怂恿着向朱德委员长敬酒。朱德乐呵呵地说："你是个英雄嘛，要继续前进！"随后看见周总理，周总理对他说："我记得你是上甘岭英雄！"

1960年，二十五岁的尹玉龙回泸州老家探亲。经过熟人介绍，尹玉龙认识了二十岁的王慧国，王慧国此时在泸州师范学院读大二。三年后，尹玉龙和王慧国结婚了，开始了一生的厮守。

1978年，四十三岁的尹玉龙从部队转业到省电力局下属的国营豆坝电厂任电厂劳动服务公司党支部书记。王慧国也跟随他转业到豆坝电厂。豆坝电厂在四川宜宾的大山里，地处金沙江边，地方偏僻，医疗条件太差，很不利于满身是伤的尹玉龙治病。每到雨季或者是天气有点不好，尹玉龙身上都要剧烈疼痛。王慧国心疼丈夫，就斗胆给四川省委副书记黄启璪写信，希望组织照顾这个从枪林弹雨中走过来的志愿军英雄。省委领导看到后，才知道还有个宝贝在大山里窝着，就出面跟有关部门联系。1984年，省电力局把他调到成都热电厂，这时尹玉龙还不到五十岁。尹玉龙到了成都热电厂，厂里任命他为子弟校党支部协理员。

在子弟校的工作中，尹玉龙每天都是第一个到校，一来就开始打扫办公室及其周边环境，考勤，检查早读情况，忙个没完。人们尊称他为"老英雄"，可是除开做传统报告外，他开会都喜欢坐在群众席上，请他做指示常常是摆手拒绝，老师们还赠给他一个"不管部长"的雅号，职工之间有意见、教师和家长闹矛盾之类的事情常由他处理。

尹玉龙很平易近人，让人感到特别温暖。学校组织教职工郊游，他总要带上一些家乡特产请大家品尝。尹玉龙吃苦在前，享受在后，单位要给他分配新房子，他却不要，说是分配给年轻有为的人住吧。尹玉龙的想法是：我跟我那些牺牲在战场上的战友们比，已经好了很多很多，有命有家还有孩子，亲眼看到了新中国的茁壮成长和革命建设。

尹玉龙是成都市关心下一代工作委员会的先进人物，经常去中小学、大学、部队、工厂、机关做革命传统报告，在北京、南京、武汉、西安、重庆等城市做过多场报告，听众甚多。他总是婉言谢绝主办单位给他的报酬，一再表示自己是尽义务的忠诚的爱国主义宣传员。

1998年长江特大洪水，尹玉龙得知他当年所在的武汉空降兵部队正在荆江大堤上防洪抢险时，当即写了一封慰问信，并把当月领到的退休金的一半——四百元寄到了部队，这让战友们很受感动。不仅如此，多年来他一直坚持给家乡的希望小学捐款，为灾区人民捐钱捐物。其实，直到2009年，他每月的退休金还不足两千元。

尹玉龙在战场上是英雄，在社会主义两个文明建设中是模范。在工厂工作期间，他先后被评为优秀政工干部、工厂好干部、川南电业管理局宣传积极分子、中央水利电力部西南电管局精神文明积极分子、成都热电厂优秀共产党员。退休十三年，他连年被评为优秀共产党员或先进党小组长。1989被中央电力部评为优秀干部。1995年被评为四川省电力公司优秀共产党员。几十年来，他先后在全国各大城市，给解放军、机关、工矿、学校等单位进行革命传统报告七百余场，听众达六十余万人。2004年11月荣获"成都市关心下一代优秀工作者"称号，2007年还参加了四川省关工委"五老"宣讲团。

尹玉龙在外面是一个和蔼可亲的老英雄，在家里是一个称职的好丈夫和好父亲，买菜、做饭、拖地、洗衣等家务事，他都抢着做。但是年老以后，尹玉龙的枪伤后遗症却经常发作，轻则直不起腰，重则卧床不起。他落下严重的脑震荡后遗症，晚年几乎失去记忆。王慧国精心护理他，每天坚持让他服药，照顾他的生活起居。

2009年的一天，尹玉龙的心脏病发作，抢救不及，在热电厂职工医院逝世。我心中默默地祈祷：尹老一路走好！

川棉厂走出书画两兄弟

天府之国历来人杰地灵，文化昌明，文化名人辈出。有个很有趣的现象，就是一门出几个文化名人，最有名的是眉山的三苏：苏洵、苏轼、苏辙，他们的文才一千多年来都受人推崇和敬仰。还比如成都本土的清代著名的槐轩学派的刘沅、刘咸炘、刘咸荥等也是一门多文人。而今天我们要说的，是现代成都的一门两大艺术家，他们就是刘正成和刘正兴两弟兄。

清清的锦江水，从都江堰宝瓶口向东南奔流而来，发出无数的分支，造就了一个水旱从人的天府之国，其中有两条重要的河流——府河和南河在各自绕城后，在合江亭相聚。

合江亭的附近，早起的人们在这里打太极、吊嗓子、拉二胡、唱川剧、下象棋，还有在河边架起画板写生、铺起毡子写毛笔字的人。这里写字画画的多，观众更多。在人群里，人们几乎天天都会看见一个龙眉大眼的小男孩。他穿梭在人群里，不时跟着打太极的伸脚动手的比画几下，跟着唱戏曲的哼哼几句。然而他更喜欢的，却是看那个白胡子的老爷爷写毛笔字。看的时间久了，那个老爷爷也对这个专注的孩子有了好感，就教他一些笔墨纸砚临帖等书法的基本常识。看他听得津津有味的样子，老爷爷很开心，时不时拿几张写废的纸翻过面让他也涂写几笔。

过了几年，这个孩子长大些，身边带了一个比他小五六岁的小弟弟，兄弟俩每天早晨都到这自由市场样的"群众文化馆"里来玩。渐渐地，弟弟对那些架起画板画画的人感兴趣，一看就是老半天。

这合江亭旁看人写字画画的兄弟俩，就是后来书画界有名的刘正成和刘正兴。

时光飞逝，转眼十几年过去了，十八岁的哥哥刘正成被招工到川棉厂当了学徒工人。之前，由于他爱好书法，爱好文学，在学校就小有名气，招到川棉厂工作前，已经写得一手好字了。他喜欢临摹《赵孟頫临虞世南闲邪公家传》小楷、《观音殿记》大楷；后又拜师李灏学《麻姑仙坛记》《曹全碑》《淳化阁帖·张芝冠军帖·秋凉平善帖》及《龙门造像》等；精读朱建新《孙过庭书谱笺注》、康有为《广艺舟双楫》。书法是国粹，展现的是汉字的独特魅力。学书法，就像是跟古代的文人大家进行心灵的对话，由于临帖，他也喜欢上了古典文学，熟读了很多的名篇佳作，古典文学功底深厚，算得上一个才子。

一到川棉厂，刘正成就得到厂领导的重视，不久就被派到上海静安棉纺印染厂业余中专校培训。到了上海，更大的世界展现在他眼前。

在上海学习期间，他利用业余时间拜访老师，到图书馆看书。从这时开始，他向上海的《解放日报》等投稿。编辑们看到他的作品非常喜欢，于是把他定为联系作者。

很快学校就知道了刘正成的才气，让他主编学校的墙报。他的排版漂亮，写出的字也是书法硬货。纺织中专的墙报由刘正成主办后，每次评比都是头名，刘正成也因此获得上海市"红旗青年突击手"称号。

几年后，刘正成毕业回到川棉厂，任川棉厂党委宣传部新闻干事，这个工作正好让他大展身手。他的爱好从此成为他的事业。他在研习书法的同时，又开始了文学创作。

后来刘正成在国家级、省市级刊物上发表不少文学作品，并担任成都市工农兵文艺创作组戏剧组副组长，修改川剧《云岩寨》剧本，同时也发表了短篇历史小说等。他的才华得到了文艺界的青睐，1981年1月，他被调入四川省文联，任《四川文学》编辑。

在《四川文学》工作的日子，是刘正成创作水平迅速提高的时期。在这里，他有机会接触到国内更有才能、更有影响力的作家、书画家。20世纪80年代开始，他陆续在上海《小说界》发表小说《孔尚任湖海采风记》，在广州《历史文学》发表小说《半山唱和》，在西安《长安》发表小说《元稹忏悔录》，在《四川文学》发表小说《新乐之焚》《望美人兮天一方》等。

而刘正成的书法作品更是多次参加各级的大展。他的才能引起了更高层的重视。1985年8月刘正成调入北京，先后任中国书法家协会编辑出版部主任，《中国书法》副主编。后来还担任了更多的社会职务：中国书法家协会副秘书长，中国书协学术委员会副主任，《中国书法》杂志社社长、主编。现为国际书法家协会主席，《中国书法全集》主编，九三学社中央文化工作委员会委员。

刘正成自1992年起享受国务院特殊津贴，1998年曾荣获韩国美术家协会和韩国美术文化院颁发的"世界书法功劳牌"。2000年被选任国家文化界50名优秀工作者代表之一，在北戴河受到中央领导接见和表彰，2001年获中国书协"书法艺术特别贡献奖"，2005年获"韩国全北国际书艺双年展"大奖。

刘正成主编了《中国书法鉴赏大辞典》《中国书法全集》；自己编写的著作有：《刘正成书法集》《当代书法精品集——刘正成》《书法艺术概论》《刘正成书法文集》（三卷），以及历史小说集《地狱变相图》、文化随笔《英伦行色》等。

出现在公众面前的刘正成，儒雅温和，穿着基本都中式对襟衣服，只在颜色和质地上有变化，盘扣也有讲究，整个人沁润着浓浓的中国传统文化的气质。他是中国文化的执行者，也是中国文化的传播者。

刘正成的弟弟刘正兴，则偏重于画画。整个青少年时代的课余时间，他都跟写生、颜料、素描结下不解之缘。他们的父母特意请专业老师教他们，使得他们从小就得到很好的教育和熏陶。

刘正兴还在青少年时代，就可以绘制板报的刊头、题花等，是一个画画的好苗子。就在这时，大规模的上山下乡开始了，十八岁的他只能接受命运安排，到荥经县当了一名下乡知青。

从大都市来到农村，虽然遇到不少困难，但是农村火热的生活和奇山异水很快激发了他的创作热情。他的绘画天赋很快被发现，上级将调他到荥经县美术创作组，后来又调到雅安地区美术创作组。

在农村广阔的天地里，刘正兴看到了蜀山蜀水的大气苍凉、秀气温婉，给他的创作提供了极大源泉和空间。他忘情地、尽情地画着，画身边的人物，画眼前的山山水水。同时还大量阅读前辈的书籍，包括艺术、美术理论等。由于知识的滋养，他的画作有了质的飞跃。

二十三岁时，刘正兴被招工回城，进了他哥哥所在的川棉厂工作。

五年的乡村生活，五年融入大自然写生画画，他被招工回城，随身携带的是一口两米长，两百多斤重的大木箱，里面装的是他创作完成的水粉画、中国画、速写等千余幅习作。这是他青春的见证，是五年呕心沥血、倾注感情的艺术结晶。

在厂里，刘正兴参加了职工美术创作组，印染厂很多漂亮的花布模板，都是他的作品。

后来他参加成都市职工美术创作组，常驻劳动人民文化宫搞创作。在这里，他结识了更多画家，大家一起互相切磋技艺，碰撞思想火花，使作品更具内涵，思想性和艺术性都迈上了一个新台阶。

刘正兴是一个洒脱的人，一个真性情的人，内心也非常阳光。他说真山真水永远比画更美丽，所以他长期深入生活，跟大自然亲密接触，把自己融入大自然里去。他笔下的青山、牧场、晚霞、雪峰、大江大河以及小草、花朵等都有欢快的节奏、明亮的色彩。看他的画，好像在聆听一首宏大的交响乐，时而高亢雄壮，时而委婉悠扬；又好像在听情侣窃窃私语，情意绵长。站在他的画作前，你能读出大自然的壮美秀丽带给艺术家心灵的震撼。

刘正兴也与他哥哥一样，作品多次参加各级展览，被美术馆藏，被私人收藏，还被收录到许多精美的画册里。

他曾经担任过中国美术家协会理事、中国文艺志愿者协会理事、四川省美术家协会副主席、成都市文联副主席、成都市美术家协会主席、成都市文艺志愿者协会主席。

现在他是九三学社中央文化工作委员会委员、九三学社中央书画院副院长、九三学社四川书画院院长、四川省美术家协会顾问、成都市美术家协会名誉主席、成都市文史馆馆员、成都市成华区美术家协会名誉主席等。

川棉厂走出的刘氏书画两兄弟，在艺术领域声名远播，如今已经成为成都东郊的一段佳话。

"成都坝子画家"向维果

在成都这个最热的夏天，我终于见到了闻名已久的向维果先生。

在成华区一个小区里，向老在家里接待了我。还在门外，就看到了向老家里浓浓的艺术氛围，收拾妥帖的房间，墙壁上挂着向老的画，简单的几件小饰品，一片清雅之气。坐在这里，很让人觉得亲近、舒心。

在我想象中，向老这么早就出名的画家，住房应该是豪门大宅或小院别墅，但是向老却居住在一个普通的楼盘里，这让我很吃惊，也顿生敬佩之意。除了艺术氛围浓厚，跟一般市民家里无异。

进门就是客厅，他们把客厅一半收拾成一个画室，大大的画台上铺着整整齐齐的毡子，笔墨纸砚等一应俱全。阳台上有一个花架，种植着长势很好的绿色植物，墙角还有一个书架，满满的都是书。墙壁上都是向老的作品，悬挂得恰到好处。整个房间看起来，书卷气十足。他们住的楼层高，虽然是在盛夏，但是从通透的房间两边吹进来的风，使得夏天的暑热消减了不少，让人感到清新和凉爽。

采访向老之前，我在网上查阅了一些资料，但是不多。因为向老说过，他不大喜欢接受采访，也由此看得出来，他是一个很低调的人。

向老出生于1942年9月。我初见向老，完全出乎意料。向老身板挺直、精神矍铄、鹤发童颜，思维清晰、表达明白，完全看不出来他是将近八十岁的老人了。我们的谈话从画画开始。

向家成都这支是大家望族，书香门第，祖上出过举人进士等，家教也很好。家族里的人知书达理，读书、画画的人比较多，有成就的也有好几个。在向老的爷爷辈、叔叔辈中，就出了好几个知名的画家。向老从小就沐浴在很浓郁的文化艺术氛围中，他们家里有很多的藏书和书画作品，在家长的教育下，从小学习绘画写字是很自然的事情。

到了学龄，他开始读书，但是因为家庭成分的原因，他只读到初中，就不能再继续上学了。后来东郊的一些工厂招学徒工，川棉厂对成分的要求不是那么高，于是他去了四川第一棉纺织印染厂，经过一段时间的上岗学习，就正式上班。每月有十几元的学徒工资。这些钱在当时对一个十几岁的学徒工来说，完全可以养活自己了。

到川棉厂上班后，向老对自己的能力信心不足，很多机器设备都不懂，只知其然不知其所以然，他就在业余时间拼命自学，比如学习纺织工业学，还虚心向老师傅请教。满师后他被评为三级技工，当年川棉厂一万多人，学徒时期就能评上三级工的确实不多，但向维果就是其中之一，可见他对工作有一股钻劲。之后，他陆续得到过厂里的多次表彰奖励，被评为红色徒工、优秀技工等，直到他被评为七级技工，成了厂里响当当的技术人才。

工作之余，向老一直在坚持学画。工资虽然不多，节约点用，也可以买点纸、墨、笔了。他更加努力利用工余时间抓紧学习绘画，从书本上学习理论知识，不断得到叔叔辈画家的指点，吴一峰①先生成为他的老师。吴一峰是蜀中近现代书画大师，吴老的诗词歌赋文章篆刻造诣都很深。在吴老的门下，向维果得到了很多真传，绘画越来越好。

在"文化大革命"期间，由于川棉厂受到的影响很大，厂里经常

---

① 吴一峰（1907—1998），别名士浚，又名立，浙江平湖人。1928年毕业于上海美专中国画系。1932年入蜀，曾在四川艺术专科学校、东方美术专科学校任教。50年代调入四川省文化局，后为中国美术家协会会员、中国书法家协会会员、四川诗书画院顾问等。

停产，他找能够找到的书来看，如饥似渴地学习。他还跟志同道合的人一起，到青城山、峨眉山等地方去写生，在大自然中，大大地开阔提高了眼界和欣赏水平。

"文化大革命"结束后，川棉子弟中学看向老有这样好的美术功底，就调向老去学校教美术，但是从车间调到学校的人是没有教师资格证的，向老努力学习教育教学理论，第一年就考取了教师资格证，并通过自学，拿到了大学文凭，后来还被评为中学一级教师。

同时，他还在川棉厂职工中专服装设计专业班教手绘课，这个学校是跟纺织工业学院挂钩的。向老还被电子科技大学聘为兼职教授，去给学生讲艺术赏析、审美等课程，一直教到退休。

退休后的向老走进了更宽广的艺术殿堂，有了时间，有了更多的阅历和积累，他创作出大量的作品，质量数量都非常可观。同时也参与了大量的社会活动和公益事业。

1990年10月成华区建区。当时，成华区活跃着一批很有成就的画家，比如罗巨白、成立中、马大奎、王双才、田明珍、刘国华等。向老积极组织这批书画家、美术书法爱好者和省市部分名家参加成华区各种书法美术活动，推动了成华文化事业发展。比如在成都市劳动人民文化宫举办的"成华区首届书画展""迎接香港回归书画展""迎回归、跨世纪书画展""世纪春书画笔会"等。

后来成华区政协成立政协书画院，向老也成为书画院的组建者，还积极参加各种活动。在活动中他发现了很多人才，也培养了很多的人才，这些人后来都成了名家，多数进入了国家级艺术圈子，成就很大。向老积极著述，撰写了《借道·谋变——试谈现代书法》《泼墨艺术探研》《骨之髓·山之巅》等文章，出版绘画理论专著《成华谈艺录》等。

向老很早就加入了九三学社。2015年8月，四川省人民政府聘任向老为四川省人民政府文史研究馆馆员。他的社会职务还有：四川中国画焦墨研究会会长、成都市九三学社书画研究院副院长兼秘书长、《大蜀美术》主编、《味象》季刊主编、岷山画院顾问、陕西汉中《蜀汉画院》顾问、《华夏大家》杂志顾问等。

改革开放以来，不少画家、书法家纷纷拥进市场，面对市场竞争乱象，向老保持了清醒的头脑，没有忘记写字画画的初心，就是陶冶情操，修身养性。向老静下心来认真思考，丰富自己的内涵，夯实自己的功底。学校放假，他就外出写生，北出秦岭，沿嘉陵江源头至大散关；南达滇东北，经豆沙关五尺道到古城昭通；西至雅安、康定、丹巴；或向西远飞西藏，向东远至江浙。一路走马，或攀岩过壁，翻越高山；或一马平川，静听自然；或暴走田间，尽获元气。所以向老的作品有扎实的生活底蕴，细品向老的作品，就是在跟大自然交流，与大家进行心灵的沟通。

20世纪80年代初，人到中年的向老就逐步形成了个人的绘画风格和特点。他的作品多次参加国家级及省、市、区的展览，作品流传于新加坡、韩国、法国、荷兰等国和中国香港、台湾地区。人们习惯称向老为"成都坝子画家"。早在1993年，成都出版社就出版了《向维果 成都坝子画集》，可以说是成都坝子一幅幅生动的写真画，突现了成都坝子的地域特点。

正是因为对身边事物的热爱，他才有独特的发现和审美视角。

▲ 向维果山水画（一）　向维果供图　▲ 向维果山水画（二）　向维果供图

向老在绘画技法方面，有积墨叠色、渴笔渝染法等，他的绘画笔墨特殊，正是这特殊的笔法，使得他的画更具艺术魅力。

向老家学渊源，加上刻苦学习，又师从吴一峰、刘既明、陈子庄等先辈，在学习绘画中学习和研究史论及诗文，从事美术评论，他不只是在绘画上有很高的成就，在绘画理论、诗词歌赋等方面都有研究，写作和发表了不少的古体诗、格律诗等。历来有一个现象，很多画画的人思想和文字方面偏弱，只能列于画匠之流；有内涵和会写文章的人，又不会画画。像向老这样不仅绘画一流，还有理论功底，诗词文章都来的人，确实少见，可以称得上真正的艺术家。

2011年由中国文化出版社出版的《心道札记》，收录了向老近年写的一百多篇共十多万字的文章，这些是向老习画过程中积累的笔记，也是绘画理论的总结。

之后，向老还陆续出版了很多画集和画册，主要有2014年中国文化出版社出版的《向维果渴笔系列画集》、2014年中国文联出版社出版的《焦墨指要》等。书中他大胆地提出了："焦、枯、渴、燥、竭"的上五墨法及自我变革诸多理论法则等。

这些画集收录了向老近年来所画的主要作品，这些作品从思想到笔墨技法洒脱流畅、有独特的视角。

在著作中，向老讲述了很多用墨技法，毫无保留地把他的经验和心得传授给大家，与世人共享。一个艺术大家的心胸如此之宽广、豁达，这是十分难能可贵的。

世人对向老的评语是：著名书画家、美术研究者、大学客座教授、评论家、时尚隐士。我觉得，这些都很贴切，向老就是这样一个热爱生活、思想境界高、艺术造诣深、能够守住初心的艺术大家。

我们摆谈得很愉快，聊到最后，我问起了向老的养生之道。向老的夫人王阿姨，是一个和善慈祥、知书达理的大姐。她说向老的养生之道就是从来不养生，一切随其自然，也从来不锻炼，胃口好、睡眠好。上午基本宅家，写字画画。要接待人，要办事，基本都安排在下午。我听了，感觉懂了又感觉没有懂。我想，可能向老显得这么年轻，跟他一生宽宏大度、心胸广阔、爱山爱水爱家人，还有对艺术的不懈追求都息息相关吧。

非遗全形拓传承人王映晖

成都历史悠久，文脉绵长，人文荟萃，名家辈出，源远流长的巴蜀文化，铸就了成都的文化底蕴；随便哪条河流，随便哪条街道，随便哪个小院，都可以说出很多让人记忆深刻的人物和故事。跳蹬河街道也涌现出了不少文化艺术名人，王映晖就是其中之一。他是非遗项目全形拓的传承人。

在认识王映晖之前，我先看到他的作品。在2018年春天，街道办的小张带着我来到跳蹬河街道锦绣社区的办公楼，走进星汉金石非遗博物馆。

博物馆大门两边的廊柱上有一副对联："锦里春光空烂漫，绣屏银鸭香氤蒙"，对联很含蓄地把锦绣社区的"锦绣"两个字藏在了里面。

博物馆面积不大。墙上挂着的一幅幅画，晃眼一看都是山水花鸟，可是认真一看，会发现这些画又很奇特，明明是一幅画卷，却并非完全是画，比如那些三足鼎、青铜器花瓶，明明就是一个立体的存在嘛，让那插在里面的花惟妙惟肖。橱窗里摆放的物件，都是真实的秦砖汉瓦，被清理得干干净净的。陪同我的小张一幅一幅给我介绍这些画卷的来历，让我这个对中国文化很喜欢却很外行的人深感兴趣。小张告诉我，这些画，叫"全形拓"，它们的作者就是居住在社区的王映晖老师。我对这些作品非常喜欢，也对作者产生了很大的兴趣，我决心要去采访他。

没有多久，我的这个愿望就实现了。在跳蹬河街道锦绣社区旁边的一栋大楼里，小张带我来到了王映晖先生的工作室。

一进屋，我就看到满屋子的宝贝，地上、架子上、台子上铺放着各式石制的、陶制的古瓦、古砖、瓦当、陶片、碑石等，形状大小各异，满满当当的，把几十平方米的房子都快挤满了。

屋子正中，"星汉斋"几个古朴的大字镌刻在质地很好的木质匾额上，下面是同样字迹古朴的一副对联："惊我梅花睡，闻它竹叶吟"，这是宋代白玉蟾《五更解醒梅竹之间徘体》里面的两句话，由此看得出，王映晖先生对古代文化的认识之深和体会之透。

屋子中央有一个古朴的、大大的茶台，台面是很厚实的实木，一米多宽三米多长。宽大的实木台面上，放满了茶具，茶台、茶壶、茶碗、茶宠等，文房四宝也在台子上，各个型号的毛笔、纸卷等插在笔筒里。旁边还摆放了一台电脑，电脑屏幕上显示着关于古代文化、拓片等的信息。

在我的想象中，喜欢历史又玩这些古董的人，一定是穿着旧式的长衫，或者四个兜的中山服，戴一副啤酒瓶底子厚的眼镜的一些老学究、老夫子。但当我第一眼见到王映晖时，才发现我先入为主的判断完全错了。在我眼前的王映晖，是一个高大帅气的壮年人，看着就是一个浑身充满了正能量的人。这么年轻的人能够把这项事业搞得这么成功，真是不简单啊。

我们的谈话从他屋子里的宝贝开始慢慢展开。随着采访的深入，我感到王映晖先生知识丰富、见解独到，且非常健谈。中国古代跟文化沾边的东西，琴棋书画、文物考古等，他几乎全部都涉猎了，特别擅长书、画、篆刻、拓片等。他的拓片研究，来源于金石学，听了王映晖先生的讲解，加上我过去的一知半解，这次算是对金石学有了一些了解。

王映晖先生有这样的成就，离不开良好的家庭氛围。王映晖的父亲是个读书人，很爱买书，各种书都有，最主要的是中国历史文化方面的书。受家庭的影响，王映晖从识字开始，就爱翻看父亲买回来的那些书，虽然看不太懂，但是中国文化对他的熏陶和感染，是从那个时候开始的。他的少年时代，就是在文化氛围浓厚的环境中度过的。

王映晖先生的父亲不但让他看书，还从小学开始就让他学习画画和写毛笔字。他们家里有很多字帖。后来他发现，有些字帖不是白纸黑字，而是底子是黑色的，字却像是镂空的白色。当时就感觉很奇怪，怎么用白色的笔在黑纸上写字呢，他想了半天也百思不得其解。父亲看他很认真的样子，就跟他解释说，这个叫拓片。又把拓片是怎么做的跟他解释一番，但是那时候的他，还是似懂非懂。

除开拓片形式的字帖外，父亲还给他买了一张真正的拓片回来。那是在他读中学的时候，王映晖先生的父亲在成都的一个地方见到有人在拓东西，是黄庭坚《松风阁诗帖》，很是喜欢，当时就买了一张回来，对着拓片再仔细认真地给他讲解拓片是怎么做出来的。这张原拓实物，让王映晖更加明白了拓片的来历和原理。

父亲又告诉他拓片的方法。要先用扫帚清扫碑石刷去残留的灰尘，再用水冲洗干净。碑石打理干净以后，才可以拓片。拓片时是先把纸准备好，用清水蘸湿，再铺在刻石上，等干了用拓包蘸着墨在纸

▲ 王映晖东汉四川节义碑拓片　傅厚蓉摄

上扑拓，待干后揭下，拓片就完成了。

　　父亲的讲述在他少年的心中埋下了一颗坚实的种子，他看到宣纸上黑白相间的线条，深深浅浅的墨痕在他的脑海里留下了深刻的印象。也是从那时开始，他喜欢上了这个用黑白二色就可以描绘出众多文化的传拓之事。

　　人一旦有了爱好，就挡不住自己前进的脚步。王映晖读高中的时候，刚刚十六岁，听说郫县有个望丛祠，里面有很多历史的东西。于是，到了周末，王映晖就邀约上几个同学，一起从成都骑自行车到郫县，到望丛祠去玩耍。

那时的望丛祠还在郫县的郊区，门票是两分钱一张。望丛祠里面古木参天，松柏森森，环境清幽，亭台楼阁极为古朴，散发着悠远的文化气息。

在望丛祠里，他知道了古蜀国望帝丛帝禅让、杜鹃啼血的故事。也可能是从这个时候起，他对历史文化产生了兴趣。尽管后来读书学的不是这个专业，但是心中对历史对文化的爱好和兴趣一直没有放弃。

"兴趣是最好的老师"，这是王映晖的原话，从那个时候开始，王映晖在这条路上走出了一个又一个坚实的脚印，就这样不知不觉地走上了这条比较偏僻和小众的金石文化道路。

王映晖先生成年以后，慢慢走上了一条中国文化之路，如写字、画画、篆刻等。不过他最喜欢的，还是金石学，因为对于古物的研究是从金石开始的，金是指古青铜器，石是指石刻碑碣。为了记录金石上的资料信息，金石学中产生了传拓技艺，即用宣纸和墨汁，将碑文、器皿上的文字或图案，清晰地拷贝出来，出来的成果就是拓片。王映晖非常喜欢这个，在工作之余就潜心研究拓片。

到后来他干脆专职干起了这个行业。他从书上吸取营养和经验，跟同行们探讨和研究，在这一条路上进行了多年的摸索和实践。在20世纪末21世纪初，互联网兴起，他就在网络上寻找跟自己志同道合的同行进行探讨。

当时网络上有个"书法江湖"论坛，里面有一个版块叫"金石文化研究"，看到这个网站王映晖很是高兴，终于找到业内人士，大家可以在里面探讨一些问题了。王映晖就在这个版块里，跟大家交流信息、探讨和切磋。

由于王映晖在这方面起步早，又有自己的实践经验和独到的见解，后来就当上了这个版块的版主。他不时在网上教大家做一些简单的拓片。那个时候长期在论坛上"玩"的有二三十个人。二十年过去了，这批人现在都成了国内金石传拓的骨干力量，也算是元老级的人物了。

2010年，王映晖拜师在西泠印社副社长、知名金石书画家童衍方门下，在金石募刻、碑帖研究等方面深入磨炼，师徒俩常相互探讨，椎拓同赏。

到现在，王映晖已经进行了三十多年的金石研究和学习创作，也积累了三十年金石收藏，他收藏的青铜器、瓦当、汉砖、陶文刻石造像成为系列，仅其拓本就有近万种，这些藏品出土地区主要是巴蜀、中原、江南、华南等地，题材种类全面，很多都是重量级藏品。在众多的藏品门类中，拓片又独有一种特殊的魅力，透过它们可以和上千年前的人物对话，可以知道他们的想法，透过它们看到他们在刻写这些文字时候的专注而认真的神态，千百年的光阴就在这墨深墨浅之间往返转换。

多年来，王映晖的拓片生涯，从看到最早的字帖，到父亲为他买的那张黄庭坚《松风阁诗帖》的拓片，从欣赏到自己制作实物拓片，慢慢地成为了行家里手。他的传拓之路，从古物传拓，再到砖瓦陶文、石刻文字、画像砖的传拓到金石的考证、题跋等，越研究越深入，越深入越喜欢。王映晖的拓片制作技术也越来越精湛，国内外青铜器、紫砂、文房藏家也多委托他制作各种拓片。业内人士以得到王映晖先生亲自传拓的拓片为荣。

几十年过去，王映晖的坚守和执着结出了芬芳的果实，现在，他是国家非物质文化遗产（全形拓）传承人、中国篆刻杂志学术委员会委员、中国（浙江）金石全形拓非遗保护中心学术委员会主任、中国（西安）秦砖汉瓦研究会理事、河北金石学会顾问、中原金石学会顾问、会稽甓社副社长、中国青铜文化研究中心理事、成都市大千艺晖教育咨询服务有限责任公司董事长兼总经理、成都市大千教育服务有限公司董事长兼校长等，所以也有人叫王映晖为王校长。

这些年，最让王映晖在圈内独占鳌头的，是他发明的全形拓。

一般图画是二维的，是一个平面，但是王映晖的全形拓画，却是立体的、三维的，感觉画上那些古朴的鼎、酒樽，那些青铜的器皿，都是活生生地站立在那里，一个个都是真实的物件，这个效果真是让人大开眼界。

那么，王映晖是如何做到的呢？王映晖在走过很长的传拓之路以后，渐渐感到有些不满足，他看到那么多的实物，比如瓮、鼎、罐等，光是拓它们的文字，好像还不足以把这些美好的东西和文化符号全部传递出来。能不能有一种办法，不光是拓碑上的文字和花鸟，还能把整个物件都拓出来呢？让大家看到这个器物的整体，才能更直观地了解器物的品质和形态。

后来他慢慢地摸索，通过很多次试验，发明了全形拓，可以说是一个创举，也是一种传承。

要说全形拓，就先说一下锦灰堆。"锦灰堆"又名"八破图""集珍"，是中国古代文人墨客比较喜欢的、带有较强游戏性质的创作。就是将古旧字画、青铜器、钱币拓片、古书残页、手稿等老旧物件的图案组合在一起，形成一幅新的画，感觉是漫不经心、随意拼凑，但是取得的视觉和艺术效果却非常好，很多人都喜欢这样玩。这一艺术形式的起源据说是元代赵孟頫、钱选创造的，比西方现代艺术中的拼贴艺术早很多年。

"锦灰堆"可以完美地再现器物碑刻的原貌，在视觉上突破了传统书画笔墨的美感，"满目斓斑布地来，春风惊见锦灰堆"。

艺术形式从来都不是一成不变的，"锦灰堆"是文人墨客的创新，而全形拓又是在"锦灰堆"的基础上发展和创新的艺术形式。

全形拓之拓，就是依原本器物的大小，使形状花纹展现于纸上，加以题识，补以花卉，即成一轴最佳之美术作品。全形拓的创作按照严谨的工艺流程，将其文字、图案或器物形状按照一比一的比例，墨拓于纸张之上，在此过程中辅以线描、绘画、传真、剪纸拓等多种技法，随后青铜器形制与花纹的立体形象才得以在平面的拓纸上呈现，在平面的二维空间里，展现出器物在三维空间的立体特征。

这个过程每一步都很关键，从选取被拓实物、测量尺寸、裁剪纸张，到清洗被拓物，然后拓出，都要非常仔细和小心。王映晖说技巧本身不复杂，需要的是耐心。画稿定稿后上纸，器物上每一个方向的花纹拓好后就要转换角度，按照画纸上预先留好的走向进行，注意转动纸张时轻拿轻放，宣纸遇水极易破损，稍有不慎就得重来。王映晖的全形拓更加入了自己的视觉构图，让被拓之物更有立体感和质感。见拓如见器，这正是全形拓的精髓。在此基础上融入素描、绘画、裱拓、剪纸等技法，拓出的成品更富有立体感。

全形拓的操作过程，我没有机会见到，但是看到一则报道，王映晖在温州曾展示过一次。

2018年的夏天，王映晖应邀来到温州博物馆，以《取象与存古》为题，带领大家走进历史，领略了一下有"绝密"技术的全形拓制作技巧。

为了让市民更直观地了解全形拓制作过程，王映晖还现场为温州博物馆馆藏的战国蟠螭纹兽钮盖青铜鼎作拓。他先将纸张上到青铜器上，用蒸馏水打湿，脱脂棉轻轻摁上，然后再加保鲜膜，用牙刷一点点刷开，不时转换角度，再用拓包慢慢地拓。"整个过程都要温柔对待，因为全形拓不只是为了达到想要的效果，最重要的还是对古器物的保护。"王映晖如是说。全形拓的薪火传承，对于古代器物的收藏、保护与研究，发扬金石文化起到至关重要的作用。

观赏全形拓，品读题跋，在真实再现器物本身的特质外，还在不知不觉中引发了观赏者的思古之幽情。

正因为王映晖先生的全形拓在国内非常知名，所以常常有各地的博物馆、大学等请他去讲学，传播中国古文化。古老的文化薪火相传，这也是王映晖先生喜欢做的事情。

点亮东郊　点亮大成都

　　五十年，对一个国家的历史来说，也许很短，甚至可以忽略不计。然而，如果把它放在一个特定的历史阶段，五十年，它所包含的社会容量和社会发展信息，则是巨大而惊人的。20世纪50年代，在成都东郊，水渠纵横，农田阡陌广布，林盘簇拥着茅屋，广袤的乡野中，人们还点着亮油壶照明，推着鸡公车载物，水碾磨坊中古老的石磨悠悠地磨着面粉碾着稻谷，茅草屋里传来木制纺车织机纺纱织布的声音……

　　1953年，古城千年惊变。国家规划在成都东郊建设一个以电子、机械、仪表工业为主体的大型工业区，拉开了大规模经济建设的序幕。现代化大工业不能靠亮油壶来照明，不能靠水碾作动力。代号为6101工程的成都热电厂率先在跳蹬河开工建设。1955年5月1日，成都热电厂首台机组开始发电，东郊沸腾了。电，让一个新兴工业城市在成都平原崛起、发展、壮大。

　　五十年后，曾经为东郊工业、为成都现代化建设做出了巨大贡献的成都热电厂，因为要"还市民一片蓝天"的承诺，悲壮"断腕"，从此告别了跳蹬河，依依难舍告别了东郊这片土地。

　　历史是短暂的，记忆是漫长的。在艰难岁月中，它带给我们巨大的光和热；在改革开放中，它让这座城市更加灿烂辉煌。无论是沉是浮，是荣是辱，是褒是贬，它都保存在人们记忆的硬盘中，弥足珍贵。

从邛窑"省油灯"说起

在四川博物院陶瓷馆展出的三件成都出土的唐代"邛窑绿釉省油灯",附有文字说明:

邛窑在唐代就开始创烧省油灯,虽其貌不扬,但在它问世以来的几百年间,却不断被诗人歌吟赞誉,可见非同一般。

这段文字有三个关键词:唐代、其貌不扬、非同一般。唐代,是说时间距我们现在有一千多年。其貌不扬,是指外貌普通,和上了绿釉的土陶碗一样,没什么惊人之处。非同一般,是指它构造奇特,特别省油,是唐代有名的"科技"产品。它有一个夹层,盏中有像把手的进油管,将油从侧面小圆孔倒进盏中,点燃灯芯,在照明时灯盏中油温升高,油的挥发增大。灯盏前有一个短嘴,从嘴里注入冷水到夹层,冷水将油温降低,减少挥发,这样就达到省油的目的。关键之处就在于冷却降温,在唐代,这是成都人一个很了不起的发明,实际上它的冷却原理与近代热机循环冷却系统的原理相同。省油灯在民间销售很好,元灭南宋后邛窑断烧,但其烧制工艺一直传承到明代。唐代邛窑绿釉省油灯现在存世很少,一直被鉴赏者和收藏家视为至宝。

南宋诗人陆游在《老学庵笔记》中写道:

> 书灯勿用铜盏，惟瓷盏最省油。蜀有瓷盏，注水于盏唇窍
> 中，可省油之半。

又在《老学庵笔记》中做了更为详尽的说明：

> 一端作小窍，注清冷水于其中，每夕一易之。寻常盏为火所
> 灼而燥，故速干。此独不然，其省油几半。

宋孝宗淳熙元年（1174）
陆游再次出任蜀州通判，在此
期间，他对蜀地风土民情做了
深入考察。陆游不仅喜欢邛
窑省油灯，用它照明读书、
写作，还广为宣传，极其推
重。受陆游"广而告之"的影
响，各地瓷窑竞相仿制。省

▲ 省油灯　冯荣光摄

油灯在唐宋一直为读书人和民间百姓所喜爱，由此还衍生出一句在我
国广为流行的俗语——"不是省油的灯"。在人际交流方面，此话多
含贬义，意即此人不好对付，要么吝啬、刻薄，要么工于心计、奸狡
圆滑。

"湖广填四川"以来，大量移民入川。邛窑断烧后，入川的移民
就将"亮油壶"引入蜀地，民间的照明器物就大量使用新产品"亮油
壶"，故"亮油壶"在城乡十分普及。20世纪80年代，四川农村许多

农户家里还在使用这种壶。

从"省油灯"到"亮油壶"，这个时间是相当漫长的。微弱的灯光无法照亮科技进步的道路，也无法从老祖宗发明的省油灯原理中探索更为广阔的光源科学领域。

清世宗雍正十年（1732），"湖广填四川"移民运动方兴未艾之际，在太平洋彼岸的美国科学家富兰克林开始对"电"现象进行研究和试验，提出了电的单流体学说。

之后，通过科学家不断摸索和实验，终于清楚地认识了"电"，也让电走入了人们的生产生活中。电，带给了人们无限的光明，从而成为造福人类最有用处的主要能源之一。

1831年，英国人法拉第制造出世界上第一台发电机，1866年德国人西门子制造了世界上第一台工业用发电机。人们终于从"烛光"中解放出来，"电"开始照亮世界。

处于中国内陆盆地的四川，"电"的利用始于清光绪三十一年（1905）。这年的成都，四川总督锡良在四川银圆局内安装的第一台蒸汽动力发电机开始发电，供局内照明之用。这一缕人造"光"源，让成都迈出了近代电力工业第一步。

最轰动全城的"奇观"是劝业场的燃电灯。天色将晚，发电机鸣笛发电，场内百盏电灯同时点亮，如星光灿烂，吸引了成百上千的市民来观灯，也吸引了在成都府中学堂（现石室中学）读书的来自今天乐山沙湾的青年学子郭沫若。他和同学一道游览了劝业场，第一次看到电灯，兴奋之余，郭沫若写下了《商业场竹枝词》，其中第二首写道：

楼前梭线路难通，龙马高车走不穷。

铁笛一声飞过也，大家争看电灯红。

这说的是光绪三十四年（1908），四川省劝业道总办周善培①倡导、成都商务总会樊孔周筹办了劝业场，次年农历三月初三开业后的盛况。成都作家谢天开在所著《蜀都竹枝》中对此有精彩的描写：

电灯。晚清，时如上海、汉口、重庆，深溉长江水利之便，均先后有了供电设备。成都的夜晚，还依旧朦胧在传统菜油灯与蜡烛灯的昏暗中。周孝怀与樊孔周商量后，决定先从劝业场引进电灯，为省城示范，以吸引顾客，昌盛市场。

周孝怀与樊孔周即在建筑公司内增设电灯部，另筹股金白银二万两，作为采购发电机及厂房之用。随后从上海购置40千瓦发电机一台，在场内西北角建厂发电，只供全场照明。为了扩大影响，又在前后场口高悬一只圆形电灯。每日黄昏发电时，挤满民

---

① 周善培（1875—1958），字致祥，号孝怀，原籍浙江诸暨县，随父宦游来成都定居。1899年东渡日本，考察学校、警校、实业等。锡良任四川总督时，被委任警察局总办。先在成都设立巡警教练所，实行新的警政。继在成都建幼校教育厂、乞丐工厂、老弱废疾院，并力戒鸦片烟，改造监狱，预防火灾，破除封建迷信等。1908年任四川省劝业道总办，通过各属普设劝业局，培训劝业员，大力资助民族工商业的发展。任内多次举办展销商品的工商赛会、商业劝工会（成都花会的创始），还在成都设立能容纳三百余家商户的劝业场（现商业场），以及新式剧院悦来剧场（现成都川剧艺术中心），这些措施推动了四川近代工商业的发展。1949年后任民生公司董事长、全国政协委员。著有《周易杂卦正解》及回忆录《辛亥四川争路记》等。杜甫草堂内花径尽头影壁上的青花"草堂"二字，就是周善培题写的。

众，观看电球来电。每当"铁笛"一响，瞬间华光四射，欢呼雀跃，笑声动地。不仅轰动全城，还勾引了川西各县，时有四乡农民不惜赶上数十里路进城，专门为看电灯。劝业场场口与总府街的茶楼，在每日下午4时，就客满了，专候看燃电灯，即所谓的"大家争看电灯红"。

清宣统元年（1909），商人陈养天见办电有利可图，邀约舒和轩、舒品轩、舒勤轩等16人，集资筹办"成都启明电气股份有限公司"，在中新街建厂，厂房门上书写"光明之源"四个大字。陈养天任经理，有职员8人。公司先后购进德国25千瓦和70千瓦锅炉发电机组，装灯300盏，电压为110伏，仅供南新街、东大街一带用电，每晚供电五六个小时。

1920年，成都椒子街发电厂建立。1936年，椒子街发电厂拥有1000千瓦和2000千瓦德国西门子发电机组两组、英国拨比克锅炉机组1台，装机总容量为3000千瓦。

从清末到民国，成都电业发展十分缓慢，并且供电严重不足，常闹"电荒"。由于城区电力供应不足，计划停电时间越来越多。1948年5月开始实行分区供电，6天停电一次，之后又改为4天轮停1次，2天轮停1次，甚至1日数停，或连停数日。1949年，停电多达485次。电压也往往不足，220伏电压往往只有100余伏，380伏电压只有200多伏。灯丝呈红色，马达开不转，人称"启明公司"为"岂明公司""鸡鸣电灯公司"。

据《成都供电发展简史（1905—1981）》[1]载：

迄至1949年，成都市工业用户数，仅占总用户数的1.63%，用电量仅占总用电量的33.28%。当时较大的工业用户只有裕华纱厂、申新纱厂、成都机械厂、建成面粉厂、兆丰面粉厂、建国纸厂等寥寥几家。耗电量最大的裕华、申新两纱厂，各装有320千伏安变压器一台，每月用电量亦不过10万度左右。照明用电的比例大大超过工业用电。据1949年11月份"用电记录卡"的统计：商业用电占54%，市民用电占23%，伪军政机关占7%，路灯占6%，学校占5%。

2005年10月，《华西都市报》记者采访当年住在椒子街的百岁老人黄玉书，老人回忆说："我正好住在电灯公司附近，唯一占到的便宜，就是可以利用那个火力发电厂烧水发电后剩余的蒸汽水。那水不烫也不冷，用来洗澡真是最适合不过了。那时候，除了大的公馆、政府的机关以外，在民间，唯一能使用电灯的地方就是那些饮食摊点和卖烟的摊点了。"那些年，用上电是很"洋盘"的，许多城市居民生活贫困，衣食不保，根本用不起电，依旧还是靠亮油壶照明，更不用说城外边的农村了，电根本到不了那里，那里晚上依然是一片黑暗。

① 四川省电力局成都供电局：《成都供电发展简史（1905—1981）》（内部资料），1983年。

210：成都工业的高度

当20世纪50年代成都城外夜晚还在一片黑暗中的时候，东郊外就已经片片灯火。

2007年12月16日下午3时，成都东郊成华大道跳蹬河路。

"10、9、8、7……爆破开始！"随着现场爆破总指挥王东光一声令下，一声沉闷的巨响，大地微微颤动之后成都热电厂210米高烟囱底部顿时冒出一股巨大的烟尘。然而，让警戒线周围上千名围观者惊异的是，在滚滚烟尘中，上半截80米轰然垮下，下半截130米仍旧在烟尘中傲然挺立着，似乎不愿意离开它扎根的这片热土。在现场围观者中，有一位中年男子突然放声痛哭起来，不断地用纸巾擦着眼泪。他就是原省建三公司电厂建设指挥部施工工长，210米的烟囱，他是看着它一米一米地长高的。当年，烟囱封顶，他站在210米高度俯瞰大成都，那是何等自豪啊！不止他一人，现场上还有成都热电厂许多职工、厂里的离退休老人和当年电厂建设者，以及从四面八方赶来的市民，都纷纷到现场为210米烟囱送行。

2007年12月22日下午5时，第二次爆破号令后，成都热电厂210米烟囱剩余的130米爆破成功，屹立东郊17年的成都热电厂210米钢筋混凝土烟囱，在漫天的烟尘中，悲壮地完全倒下。它曾经像一支直插云天的巨笔，书写了成都工业文明的骄傲和荣耀，画出过城市很多美丽的图画。而今，它走完了自己光辉的历程，在这一声巨响的回音中，

▲ 继成都热电厂烟囱爆破之后，2011年8月10日，成都嘉陵电厂210米高的烟囱成功爆破，最后一根超高烟囱的倒塌，标志着东郊工业区的使命彻底结束　成华区政协供图

永远地告别了东郊，告别了成都市民！

210米烟囱何以触动那么多人的心灵，激荡那么多人的情怀？

忆往昔，峥嵘岁月稠！

烟囱，曾经是一个国家工业文明的标志。

朝鲜战争爆发以后，年轻的共和国太渴望、太需要强大的工业化作为立国之本，发展急需的国防工业。"一五"计划的基本任务就是集中主要力量，以苏联援建的156个建设项目为中心，奠定社会主义工业化的基础。

▲ 四川机器总局新厂主车间与烟囱　来源：成都档案馆

还是说说成都的烟囱吧。

说起民国时期成都的工业，幽默的老成都用一句话概括，就是"三根半烟囱"。

何谓"三根半烟囱"？说法不一，民间比较趋向的是：第一根烟囱属于1905年的四川机器总局新厂，即四川兵工厂（今南光机器有限公司）；第二根烟囱属于1896年的四川铜元局造币厂；第三根属于1909年的成都启明电灯股份有限公司；半根烟囱属于1906年创办的惠昌火柴厂。这种说法，基于它们都是成都本土创办时间最早的工厂，代表着清末民初成都的老工业，在老成都中认可度比较高。民国时期，这些烟囱的高度均在30米以下，由青砖砌筑而成，站在今天的九眼桥，便能看到三官堂那边兵工厂高耸的烟囱。

20世纪50年代以来，成都东郊、北郊相继建起大大小小许多工厂，各类烟囱冲天而起，站在龙泉山上眺望城区，可谓烟囱林立，也浓烟四起。这些烟囱高度大多在60米左右，几乎清一色的红砖砌就，比民国时期高了许多。1956年，成都热电厂二期工程开工，由建工部西南建筑工程管理局第一工程公司（现省建三公司）修建的成都热电厂红砖烟囱成为成都烟囱之冠，高达80米，无疑是当年成都工业的标杆。

1989年2月，成都热电厂扩建20万千瓦新机组，由省建三公司建造的两座钢筋混凝土单筒烟囱，高210米，高度居成都各类烟囱之首。这在20世纪90年代，比成都"烟囱老二"无缝钢管厂102米烟囱还高出108米，比号称"沈阳地标"的铁西工业区沈阳冶炼厂122米烟囱还高出88米，堪称"巨无霸"。2000年以后，成都热电厂"210"仍然稳坐中国西部"烟囱老二"的交椅。

▲ 20世纪80年代的成都热电厂主厂房和80米高烟囱　跳蹬河街道办供图

从80米到210米，是成都热电厂创业与发展的历史缩影，是20世纪50年代以来成都工业的骄傲。

在热电厂工作了一辈子的陈平师傅，向我娓娓讲述热电厂的创业史。如果要写，那真是一部大书啊！

1951年初，川西行政公署工业厅决定在成都市近郊建设一座火力发电厂，开始踏勘了城北府河东岸的官堰为电厂厂址，厂名暂定为川西成都北门发电厂。

但因电厂铁路专用线与成都铁路局未达成协议，官堰厂址最终搁浅。这时，筹备处的目光落在了成都东郊跳蹬河。成都解放初期，跳蹬河隶属成都市人民政府交通乡管辖，离市中区和铁路东站约五公里，靠近沙河取水方便，牛龙路经过这里。东郊工业区就规划在附近，如果在这里建立电厂，供电线路布局合理，热网管道能够短距离直送用户，其地理和经济位置比较适合建设电厂。只是东郊跳蹬河工业用水条件不够理想，其余条件都比洞子口好，他们初步确定跳蹬河为厂址，并进行测量绘图地勘钻井工作，同时上报中央燃料工业部。

1952年2月，筹备处人员兵分两路，分别去宜宾、重庆清理接收民国时期使用过的发电旧设备。重庆转运的设备中有七个重件，汽轮机、发电机转子等各重六吨，平板车尚能胜任，唯发电机转子、汽轮机汽缸、凝结器三大设备，各重二十余吨，需要整体搬运。这套机组在四川解放前夕，被国民党沉于长江中，锈蚀严重，后来经过专业人员千辛万苦地打捞上岸，1953年5月运到成都，存放于成都火车站西侧。从重庆运过来的机组设备，又重又大，当时没有铁路专用线，而且整个成都市也找不到一台载重二十吨以上的吊车和平板车，筹备处的运输工具只有一辆老旧的道奇牌汽车和一辆租用的卡车，如何才能将设备转运到跳蹬河的电厂工地，确实很费思量。

　　筹备处决定采用人力拖运的办法。那时到成都火车站都是土马路，路也不宽，路面凸凹不平，他们组织厂里的工人用泥土填平坑洼，夯实路基，又把沿途挡路的障碍和房子拆掉，加宽所有路面。道路平整好后，才开始实施搬运。搬运完全是"土法上马"，那种艰苦创业的场面非常感人。先是用枕木铺在路面上作基础，厚木板当衬垫，筹备处自制了一台手摇绞车，采用"滚筒摇车拖拽法"，用绞车钢丝绳牵引，让设备一寸一寸地向前挪动。机器设备往前面挪动以后，又把后面的枕木和厚木板拿到前面来当路基，继续滚筒摇车拖拽。五六月份的成都，湿气很重，太阳又大，天气十分闷热，工人们头顶烈日，足踏尘土，白天拖引着设备走，晚上露宿野外，伴随机器设备而眠。一日三餐吃在路旁，睡在路边，二十四小时守护这些庞然

▲ 拉运钢筋到电厂的建筑工人　冯荣光摄

大物。经过四十多个日日夜夜，终于在8月14日肩扛手拉将四百余吨发电设备从火车站安全顺利地移到工地，比原计划提前了十二天。设备运到现场的时候，整个工地一片欢腾，大家高兴得唱啊跳啊，忘记了疲劳，忘记了擦洗身上的汗尘。

老旧设备运到现场，很多配件缺乏，有的还要修理，安装、发电也是问题。筹备处领导充分发动群众，自己动手修复。实在无力修复的，立即派人赴重庆、上海、东北等地加工采购。发电机定子线圈损伤严重，不能使用，则委托上海电机厂重新包扎压制新绝缘线圈。电总基建局十一工程公司第二工程队作为建设单位乙方，想甲方所想，急甲方所急，得知机组缺件甚多，立即组织力量进行配制，委托对外加工，派人赴重庆、宜宾沿途清理催运，制作主厂房部分钢屋架、锅炉烟风道、低位水箱、水泵附件、法兰、弯头、大小螺栓及部分配电盘，总计一百七十余吨，为工厂的按期投产发电做出了贡献。

站在"成都热电厂原址"纪念墙前，想象着当年火热的搬运场景和劳动号子，我和陈平师傅一样依然心潮澎湃。我想采访几位当年参加过这次搬运工作的老同志，很可惜，他们中的许多人都已经不在世了。健在的，也早届耄耋，口耳不便了，无法接受采访。不过，这块土地记得他们，热电厂的历史上有他们光辉的一笔。

东郊人不会忘记沙河。

沙河是一条古老的河流，蜿蜒流过成都的东边，浇灌着东山的农田。它也是沿岸人民的生活水源。沙河是成华区的母亲河，也是东郊的代名词。

千年沙河迎来世纪之变，与成都热电厂建设息息相关，与东郊工业区布局紧密相连。

1953年，成都市决定改造古老的沙河，因为"沙河沿线将来会有许多工业大厂"，把农灌天然河道，扩建为工业区供水专用水渠，从而，打造集工业、农业、防洪、绿化为一体的新沙河，"十万大军治沙河"的壮举由此写入成都东郊工业发展史册中。至今，人们还能看到，沙河两岸高大的梧桐树和生态驳岸，给东郊带来了十余公里的绿荫长廊，真可谓"前人栽树后人乘凉"啊！

"电力先行"，为了保证成都热电厂的工业用水，在麻石桥修了调节闸，将沙河之水引入热电厂，又修建了成都东站通往热电厂的铁路专用线。只要热电厂能早日发电，有了充足的电力能源支撑，就能保证"一五"期间苏联援建的项目在东郊全部生根开花结果。这就是成都市"一水一电保建设"的战略步骤，从此拉开了东郊工业建设的宏伟大幕。

1954年，建筑劲旅建工部西南建筑工程管理局第一工程公司，风尘仆仆地由重庆迁往成都，参加成都东郊工业区建设，它的基地就在跳蹬河路热电厂旁。自1954年以来，西南建管局一公司名称多次变易，直到1972年名称才最终确定下来，这就是后来赫赫有名的四川建筑业"王牌"——四川省建三公司，隶属现在的四川华西集团。

1956年热电厂进行扩建，十六岁就参加工作的周师傅，这一年招工进入省建三公司，一到跳蹬河就在热电厂修烟囱，那时是砖砌烟囱，没有先进的建筑施工机具，靠师傅们一匹砖一匹砖地往上砌，材料运送也是人工肩挑背磨加甩爬杆吊运。烟囱高80米，是20世纪50年代成都最高的工业烟囱。周师傅说："那时我是施工现场质检员，有时一天要爬上去好几个来回，许多施工环节要盯紧，质量安全都不能大意，80米高啊，腿都爬软了。"为了"照亮成都"，公司上下费了很多心血。在那个火红的年月，周师傅吃住都在工地，对高烟囱有很深的感情，看到烟囱一天天长高，心里就高兴。他感叹道："那烟囱，每一匹砖都有记忆啊——"

1958年7月，由苏联援建的成都热电厂二期扩建工程投产，两台2.5万千瓦发电机组开始运行，既可发电又可供热。不仅保证了东郊工业建设和城区居民、市政用电，其电能还输送到青白江、德阳、绵阳、江油。1958年后，宝成铁路沿线开始兴建青白江成都钢铁厂、四川化工厂、德阳中国第二重型机器厂、东方电机厂、绵阳长虹机器厂、华丰无线电器材厂、江油水泥厂、江油发电厂等一批大型国有骨干工业企业，为此从成都架设了长达227公里110千伏高压输电线路，简称"成（都）马（角坝）输电线路"，将川西和成、德、绵工业连成一片。

成都热电厂是西南地区首家既发电又供热的大型火力发电厂，是成都东郊工业重要的电能、热能供应基地，为东郊工业区的建设做出了不可磨灭的贡献。1980年，成都热电厂已拥有五机五炉，总装机容量为12.5万千瓦，平均每小时向东郊32家工厂供应蒸汽180吨。由于热电厂采用大容量高效率的锅炉，热效率高达90%以上，比一般工业锅炉高20%—30%。成都热电厂的供热能力为每小时220吨，供热非常稳定、可靠，还可以根据用户需要的等级供热。

杉板桥、万年场、麻石桥、双桥子一带聚集了420厂、成都无缝钢管厂、川棉厂、红光电子管厂、四川制药厂、宏明无线电器材厂等大型国有企业，它们都是成都热电厂的大客户。热电厂输送的蒸汽，除了生产用外，也改善了东郊工厂职工福利，每个厂都有大澡堂。那个年代，单位有洗澡堂，如同有灯光球场、俱乐部一样，无疑是最牛气的象征，也是信箱厂工人常常引以为豪的福利。这种福利，让老成都人艳羡得不行："那真是奢华啊！"

从热电厂输送到各个工厂去的蒸汽管道，管径有大有小，在东郊随处都能看到。那些蒸汽管道有的就在马路街沿边，虽然管道外面都包了一层厚厚的石棉保温层，但阀门或接口处总是能看到"哧哧哧"直往外冒的白汽，管道附近则成了家属区孩子们冬天取暖和玩的地方。成都作家张义奇曾向我讲述过：寒冬腊月，东郊工厂边的农村生产队，那些娃娃缺衣少穿冷得打抖，清鼻涕长流，就钻到窖井里蜷缩着取暖。那些年，老成都人形容东郊是"三多"：汽多，人多，烟囱多。

成都热电厂是成都"一五"期间的重点工业企业，它建厂时最初的对外代号是6101工程。它和东郊军工企业一样，厂门是没有挂牌的，门口是军人站岗，进出检查证件。1955年，成都电厂更名为成都热电厂，邮政代号为100信箱，但这个信箱号并没有东郊35、69、82、106、107叫得那么响，几乎没有人记得住。进热电厂工作，与东郊军工企业一样要严格"政审"，除了个人政治面貌，直系亲属和主要社会关系都不能有任何历史问题和违法犯罪记录，"政审"不过关的统统刷下来。原四川成龙足球俱乐部总教练黄绍勤在他的回忆录

《四川足球一些往事》[①]中提到，1971年四川体工队一大批老队员先后离队，黄绍勤和他的部分队友因家庭出身不好，找工作很费了一些周折。书中记载令人啼笑皆非，但的确也是那个年代的真实写照：

> 就拿笔者为例吧。因少年比赛在宜宾，四川队到宜宾进行辅导，宜宾体委对笔者有点好印象，从体工队把笔者档案提走，又因出身不好而退回。以后，笔者的档案又送到420厂、253信箱、成都热电厂等，都因出身问题别人不敢要。最奇怪的是成都热电厂不要的理由，竟然是害怕哪一天笔者放一颗定时炸弹，把发电机炸了，成都将是一片漆黑。其实，笔者出身就是"工商兼地主"。家里有个国民党的大文职官。笔者虽生在旧社会，却长在红旗下，不至于投放定时炸弹啊！成都热电厂过高估计笔者了。

后来，吉林足球队到成都，69信箱代表四川工人队与吉林队打公开赛，四川体工队队员客串上场助阵。黄绍勤在比赛中的表现非常好，被69信箱厂长和军管会主任看上了，便向四川体工队提出要人。作为放人的交换条件，省体委和体工队要求69信箱搭配六个分不出去的干部和运动员，均被69信箱接收了。

1987年12月31日，远在深圳的中国华西公司三公司经理刘天伟接到公司总经理办公室电话，被紧急召回成都，到省建三公司总部接受新的重要任务。他当天就从深圳飞回来，来不及喘一口气，第二天便

---

① 黄绍勤：《四川足球一些往事》，西南交通大学出版社，2014年。

接手了成都热电厂20万千瓦扩建工程指挥部指挥长职务。十分巧合的是，1955年，刘天伟参加工作到建工部西南建管局一公司（现省建三公司），一上班就到成都热电厂土建工地，年轻的刘天伟就成了成都热电厂初建时期的一名建设者。也许这就是缘吧，时隔32年，刘天伟受命担任省建三公司成都热电厂20万千瓦扩建工程指挥部指挥长。为了成都市这项"救命工程"，刘天伟带着病体立马赶到了成都热电厂扩建工地。他清楚地知道，又一场硬仗在等着他。

成都热电厂20万千瓦扩建工程为什么是成都火烧眉毛的"救命工程"呢？说来话长。

大约在1984年，成都的电就一天天紧张起来。改革开放几年来，成都地区工农业生产和城市建设速度很快。从山区"三线"建设调整迁来的军工企业、新建的民营工厂、中外合资工厂、新建的城市街道、居民住宅小区也越来越多。

20世纪80年代，成都工业进入鼎盛时期，东郊工业区规模空前。据成华区政协《东调纪实》〔内部资料，准印证号：川成新出内字（2015）035〕载：

> 占地14.6平方公里的东郊工业区内，汇集机械、电子、医药、食品、冶金、化工、建材等38个行业大类、184个细类的工业企业，驻扎有大中型工业企业253家、高等院校19所、拥有科研人员40余万人、产业大军近100万人。工业比重占到全市GDP的48.6%，工业生产总值占社会总产值的65%，工业对地方财政的贡献率超过60%。

特别是随着市民生活水平的提高，市政生活用电急剧增长。

市民家中的"机"越来越多，什么电视机、录音机、收音机、电风扇、电炉、电唱机等，不一而足。家里的"灯"，款式也越来越多，瓦数也越来越大。以我家而言，过去一大家人只用一支15瓦的灯泡，现在各自成家立户后，"小家庭"的用电瓦数翻了十多二十倍，电灯有40瓦、100瓦、200瓦的。大家享受着改革开放带来的丰富的物质生活，市民用电量一个劲地往上蹿。民营企业、个体商户也越来越多，城市一天天繁华起来，城市一天天在变"大"。春熙路的商业，青年路的"夜市"，青羊宫的"灯会"，蜀都大道的"灯火"等，都需要大量用电。路灯也普及到小街小巷，满街灯火通明。

这一切，都需要电。各行各业都在争电，成都的"电紧张"也就一日一日地加剧了。

1986年冬季，成都城区有的街道片区停电长达两个多月。由于电力紧张，我所在的单位白天家属区全部停电，保卫科在家属区和单身宿舍严查私拉私接电线、电炉烤火煮饭、使用40瓦以上的照明灯泡等，一旦查获，没收电炉、超瓦数灯泡并断绝电源。单位开会宣布严禁职工、干部在车间、办公室使用各种非生产性电器设备（录音机、电视机、电炉）。保卫部门一次突查行动，就查获了几十个大大小小的电炉。一时间蜡烛畅销，煤油走俏，我家附近的簸箕街，杂货铺晚上都点着蜡烛照明，只有大一点的百货商店和广福食堂挂着马灯或汽灯。居民们随时都准备着应对突然停电给家庭带来的种种不便，比如早晚两顿饭，娃娃做作业，大人参加各种"文凭"考试，要复习功课等。

由于供电严重不足，成都供电部门不得不采取"停三供四"或"停四供三"，个别区县实行"停五供二"或"停六供一"。对一些耗电量大的冶金、化工企业则采取半关闭措施，只安排在丰水低谷时供电。"拉闸限电"成了家常便饭，除了军工企业，其他工厂只好以电定产，停工待电。成都不少工厂企业错开休假，从星期一到星期五都有休假的。我父亲所在的四川省建筑构件厂就长期休星期三，星期日我们兄妹根本见不到父亲的身影。他休假，我们上班；我们休假，他上班，早出晚归，大家都见不着面。

《成都年鉴1988》[①]对此做了"用电情况分析"：

1987年四川电网水电发电量及外购电量减少较多，供电量严重不足。但工农业生产发展，特别是人民生活改善，市政生活用电急剧增长，用电负荷及电量比1986年都有较大增加。以成都电网为例，日最高负荷为49.9万千瓦，10月25日19时最高日供电量为1022.1万千瓦时，比1986年的46.6万千瓦和949.2万千瓦时，增长7.08%和7.68%，在全市电力供需矛盾突出的形势下，虽然采取了一切办法，如组织外购电，增加供电量，实行计划用电，工厂以变电站为单位编为8组，轮流编组生产，并在用电期间分别情况，实行"停三供四"或"停二供五"；工厂自备柴油发电机发电（据不完全统计，全市约12万千瓦）等措施，仍不适应电力供应紧缺形势，无计划拉闸限电频繁。1987年全市无计划拉闸

① 成都年鉴编辑部编：《成都年鉴1988》，成都出版社，1988年。

21432次，比1986年增加61.76%，拉闸损失电量2.306亿千瓦时，按1987年每千瓦时电力创工业产值4.63元计算，直接影响工业产值10.68亿元。

"电紧张"严重影响城市节奏，拖城市经济发展、市政建设、人民生活水平提高的后腿，所以引起了方方面面的高度关注。

1987年，成都市政协召开八届五次全体会议。康述尧、王家骠、周瑞霞、朱藻文等三十八位委员关于《解决我市供电严重不足》和《居民停止使用电炊》的提案，受到市计委、市经委、成都供电局和市能源办公室等部门重视，并果断采取以下措施：

1. 从1987年5月1日起，对全市1.2万余户居民停止使用电炊，原规划的电炊点和申请使用权电炊单位，一律停止办理；

2. 合理调整工业用电，"填谷削峰"。使有限电力发挥更好的效益，同时对一些工厂实行"停二供五"或"停三供四"的限电措施；

3. 严格进行用电检查，通报批评和处罚浪费电力的单位，表扬节电的先进单位；

4. 努力抓好新电站的建设。

为了停电不停产，一些企业、商场自购柴油发电机发电，解决应急问题。一停电，到处可以听到"嘣嘣嘣"的柴油机声。

其实，扩建成都热电厂，增加成都市的发电能力，是缓解成都地区严重缺电的有效措施。早在1985年，成都市能源研究会就提出了在成都热电厂扩建1×20万千瓦机组的建议。

1986年10月，四川省机械工程学会动力分会、成都市电机工程学会、成都热电厂科协联合召开了"成都热电厂扩建可行性研讨会"。会后，向省、市政府提出了成都热电厂扩建的初步设想。

1987年4月，国务院副总理李鹏、国家计委副主任黄毅诚来四川视察工作，针对成都地区严重缺电情况，提出以最快速度在成都热电厂扩建新机组，以解决四川严重缺电问题。按照高层领导的指示，确定由华能国际电力开发公司与成都市共同投资3.2亿元，兴建一台20万千瓦燃煤机组。按照胡懋洲市长的说法，这项工程是"救急工程"，后来又称为"救命工程"。时任四川省委书记的杨汝岱深有感触地说："（四川）特别是能源建设抓晚了。"可见当时电力能源的紧张，工业和民用缺电真的到了要命的程度。

按照国务院领导的指示，成都热电厂20万千瓦扩建项目紧锣密鼓地进行。

1987年5月，国家计委工作组来成都落实建厂条件。

1987年6月，马麟副省长主持审查扩建方案，西南电管局主持审查了扩建工程环境影响评价报告书。

1987年7月，由水电部规划设计院主持审查通过了可行性研究报告。

1987年9月8日，国家计委按应急项目以计燃〔1987〕1539号文件正式批准立项。

1987年10月，扩建现场开始拆迁等施工准备。

1987年11月初，审查通过了初步设计。11月25日国家计委授权水电部、华能总公司和四川省计经委批准成都热电厂扩建工程计划任务书，正式列入国家计划。随后，设计人员进入现场，抓紧进行施工设计，征地拆迁等工作也迅速地铺开了。

截至1987年底，全年累计完成基建投资926万元。

成都热电厂扩建工程装机容量为1×20万千瓦，年发电量11亿千瓦时以上，可使成都地区年售电量增加三分之一，每年多创工业总产值40多亿元。

成都热电厂扩建工程由华能国际电力开发公司成都分公司负责，实行承包责任制。发电主体工程由东方电站成套设备公司部承包，土建施工、设备安装由东方公司分别发包给四川省建三公司、西南电建二公司，部分"三通一平"工程及生产准备由成都热电厂承包，老厂2号烟囱拆建等工程由华能成都分公司自营，送出工程由西南电管局负责承建。设计单位为水电部西南电力设计院。

成都热电厂20万千瓦扩建项目实锤落下。

四川省第三建筑工程公司承建了成都热电厂2根210米钢筋混凝土单筒烟囱和一座105米双曲冷却塔施工任务。烟囱设计标准为底部外径18米，顶部出口处内径5米，采用环形基础，改一般烟囱筒身10米分节为15米分节，以减少烟气局部阻力。冷却塔设计为大型双曲线筒体，底部直径为105米，上部出口为45米，冷却面积4500平方米，酷似一个大喇叭。无论从高度还是体量来看，210米烟囱和105米冷却塔都是成都工业的超级"巨无霸"，它代表着20世纪成都工业发展的新高度。这种高难度的高耸构筑物，不论是施工技术还是质量安全，四川省建三公司都面临着许多前所未有的挑战。

四川省建三公司是四川建筑业善打硬仗的"王牌"，从深圳中国华西三公司调到省建三公司热电厂项目的刘天伟，在担纲深圳体育馆项目时，精心施工、保证质量，1987年就为公司抱回了首届"中国建筑工程鲁班奖"，那是全国建筑业最高奖。现在刘天伟担纲热电厂土建施工，发包方东方电站成套设备公司说："省建三公司，我们信得过！"

曾在省建三公司热电厂工程指挥部担任办公室秘书的谢天开，是我相识多年的朋友。他给我讲述了修建210米高烟囱的故事。

按照210米烟囱和105米冷却塔施工设计图，如果采用传统高耸构筑物的施工方法，在热电厂就达不到施工要求，必须采用新技术、新工艺。

20世纪80年代中期，成都、重庆建筑业就开始使用"滑模"。1984年，号称"亚洲第一高"的重庆发电厂2根240米单筒烟囱在九龙坡长江边上冲天而起，这是由省建九公司采用"滑模"新技术修建而

▲ 成都热电厂210米烟囱和105米双曲冷却塔　常德摄

▲ 成都热电厂专用线工业编组站场　冯荣光摄

成的。省建三公司同样采用"滑模"新技术施工，解决了成都热电厂210米和105米超高超大高耸构筑物的施工技术难题。

"滑模"是我国现浇混凝土结构工程施工中机械化程度高、施工速度快、现场场地占用少、结构整体性强、抗震性能好、安全作业有保障、环境与经济综合效益显著的一种施工技术。采用"滑模"标志着四川建筑业施工技术水平的飞跃，也标志着四川建筑业从传统施工向现代建筑施工的华丽转身。

谢天开对我说，在热电厂工地算开了眼界。通俗地讲，采用滑模施工，就是烟囱外面没有人们通常看到的脚手架和塔机。烟囱内有随升平台，由液压千斤顶作为顶升滑动的动力，几十组千斤顶沿筒壁均匀布置，在同步作用下，随工程进展一步一步往上顶升。平台上有柔性滑道吊笼和随升井架，供施工人员上下和提升材料、机具、罐装水泥等，井架一侧设甩爬杆，吊运混凝土进行现场浇注。随升井架上有操作控制台，与下面烟囱底部操作控制台并联，上下呼应。当浇注的混凝土达到一定强度后，平台整体依靠千斤顶再往上提升，如此连续循环作业，直到完成整个烟囱的施工。

20世纪90年代以后，"滑模"在四川建筑业中遍地开花。

1988年2月26日，成都热电厂20万千瓦扩建工程破土动工。现场保卫工作是相当严格的，其被成都市公安局列入成都市要害保卫单位。进入施工现场的施工管理人员和民工高峰时达到2400多人。施工现场共有14道口子进出，由现场保卫处组织60名保卫人员，三班倒轮流把守口子。谢天开说，他们三公司的施工人员，只能在划定的施工区域活动。没有证件，任何人员是不能进入热电厂生产厂区的。

业主方与承包方通力合作，经过两年半争分夺秒的建设，土建施工全面竣工，设备安装、调试到位。输电铁塔、输电线路架设就绪。1990年8月3日，成都热电厂20万千瓦扩建工程开始并网发电，至此成都热电厂装机总容量达到32.5万千瓦，进入国家大型二类企业的行列。成都热电厂由此成为成都地区的主力发电厂，占成都电业局系统装机容量的80%，承担了系统中90%的发电任务。这项"救命工程"大大缓解了成都地区电力紧张的矛盾，让省市领导松了一口气。

然而，谁也没有想到，进入20世纪90年代，四川能源工业奋起直追，水电、火电建设速度惊人。90年代后期，成都电力供应形势发生了根本性的变化。省内一批大型发电机组相继建成投入运行，特别是二滩电站、宝珠寺电站等主力电站的投产发电，结束了四川长达二十多年的严重缺电局面，也极大地缓解了成都地区的供电矛盾。

1998年，进入丰水期以后，四川电力供应由长期短缺转为电力过剩，从卖方市场转为买方市场。1998年电力系统取消高峰用电的各种限电措施，并出台了实行峰谷、丰枯电价上下浮动的一系列鼓励用电的优惠政策来刺激消费。

一系列电力利好消息不断传来。

2000年，成都地区拥有发电设备容量达到1278.2兆瓦，其中水电设备550.9兆瓦（不含映秀湾水电厂），占总装机容量的43.1%；火电发电设备容量727.3兆瓦，占总装机容量的56.9%。主网供成都电网的电量为84.82亿千瓦时（含部分区外地方代销电量及线损）；全年主网负荷最高负荷为71.98%，增加0.12%。线路拉闸限电的条次大幅度降低，供电可靠性大大提高。2000年成都市主网计划外拉闸限电共计20

条次，主要发生在12月枯水期。

进入21世纪后，供电部门鼓励用电，成都市民家用电器拥有量大幅度上升，空调、冰箱、大屏幕电视机、取暖烤火器、洗衣机、卡拉OK音响、家庭影院、电脑……五花八门，再也没有缺电的概念了。

这时，人们的眼光投向湛蓝的天空，成都热电厂210米高烟囱冒出的滚滚浓烟，无疑成了蓝天上最不招人待见的景致。这时，人们需要蓝天，需要洁净的空气。烟囱已不再是人们心中的爱了，由当初的爱渐渐变成现在的怨。工业污染与环境保护成为21世纪势不两立的较量对手，此伏彼长，如拉锯一般。

进入21世纪，人们的心态发生了很大的变化，环保意识、健康意识日益觉醒。成都热电厂老工人魏正大师傅说："那个年代没有人嫌弃环境差。每当脏兮兮的运煤火车，带着煤灰从居民楼前飞奔而过时，娃娃都喜欢趴在窗台上看。"而今，附近的居民却纷纷抱怨不休，希望政府出面来改善煤灰污染环境、点火噪声扰民的问题。作家周明生先生所著长篇报告文学《沉浮东方》[1]记载：

> 60岁的张洪英说：她家距电厂仅200米，长期不敢开窗，每天必须打扫房间，但不到半天，屋子里就会铺满黑黑的一层煤灰，一摸一个黑手印。人都不敢穿白色衣服。
>
> 一位长期与电厂为邻的居民说，热电厂的点火率很高，一旦生产点火，黑烟翻腾，噪声大得要命。

---

[1]　周明生：《沉浮东方》，成都传媒集团·成都时代出版社，2012年。

除了黑烟污染蓝天外，成都热电厂排放的煤渣污水流进沙河，日久天长，造成沙河堡洗瓦堰渠首淤塞，进水困难，输水不畅。原来，20世纪50年代整治沙河时，除了工业用水外，沙河还有农田灌溉的功能。1956年，经四川省政府批准，将洗瓦堰渠首迁到沙河堡，新建了一道混凝土曲线坝，支渠长达24公里。沙河水经洗瓦堰灌溉金牛区琉璃乡、双流县中和场一带的农田。据双流县水利局编纂的内部资料《双流县水利志（2005年）》载：

> 洗瓦堰改在沙河起水后，主要引用成都市工业用水。初期基本上可以满足农业需要，随着成都市工业生产的发展，农业用水与工业用水矛盾逐渐突出，加之成都市工业排放废水杂物，淤塞渠道严重，主要是成都热电厂的煤渣排入沙河，致使洗瓦堰各级

▲ 建筑摄影家喇瑞良回顾当年建设电厂的情况　冯荣光摄

渠道淤堵日趋严重……发展到80年代，洗瓦堰变为缺水堰……乡村分水争执不休，至今无法妥善解决，导致灌区内有5%左右的农田单位面积减产，重者每亩减产黄谷200斤。

方方面面的舆论和市民要求"还一片蓝天"的呼声，把成都热电厂逼到了墙角，没有退却的余地了。

成都市实施大规模的"东调"，成都热电厂成了"东调"中最大的难题。如果不搬，城东环境继续受到巨大污染，废气排放、噪声、废水污染等问题都无法根治。如果搬迁，怎样兼顾企业重生、生态优化、百姓受益，都是必须解决的重大问题。

2003年，成都热电厂被列为成都市第七批搬迁企业，新址选在金堂县淮口镇，成都热电厂由此更名为"国电成都金堂发电有限公司"。

2007年4月28日，成都热电厂厂长刘兴伟宣布：国电成都热电厂按照国家政策规定实施关闭。值班长陈建波指令一下，发电长达51年的5台2.5万千瓦火电机组正式停机。陈建波说："老厂关停，我们也要开始培训，适应以后60千瓦机组的需要，早日走上新的工作岗位。关停也带来了新的机会。"

在电气岗位上工作了34年的班长凌洁说，对于关停，他和大伙都是矛盾心理，既盼着老机组早日停止超期服役，又有些恋恋不舍。"不过，大家心态都很稳定，每个人都会有合适的岗位重新上岗"。

2008年，成都市工业投资有限公司采取政府回购方式收购成都热电厂位于跳蹬河北街的400余亩老厂区土地。而今，蓝光BRC东方天地住宅小区已经建好，几千人在此安逸、恬静地生活。前不久，我和原省建三公司退休干部、成都知名的建筑摄影师喇瑞良重返他当年工作过的跳蹬河热电厂旧址，喇瑞良感慨良多。1962年，他参加工作就在热电厂建筑工地。旧地重游，已经找不到当年跳蹬河的任何印迹了。在杉板桥南四路（原成都热电厂大门）路边，多了一道"成都热电厂原址"的红砖与管道构成的纪念墙，上面制作有几幅黑白老照片。在纪念墙前，我为他拍了一张纪念照。看到那幅厂区的黑白老照片，他模糊的记忆渐渐清晰："一晃眼，就58年了……"

铁塔：成都平原上的工业标杆

　　在新成华大道杉板桥公园，至今还保留着两根近二十米高的钢管输电杆塔和一座输电铁塔，只是杆塔和铁塔上的高压输电线路被拆除了。在打造公园时，高耸的杆塔和铁塔被精心地艺术美化装饰，成了新成华大道上一道吸人眼球的风景。一根粗大的钢管柱上，利用原杆塔上七排横担，用黄色金属做成一片片经脉可见的银杏叶，贴附在横担和管体上，寓意成都市树银杏。一侧高悬着"杉板桥公园"五个红色大字，远远看去十分醒目。几十米开外，另一根钢管柱上，利用原杆塔上四排横担，用彩色金属做成"风车"，风轮好像在风中呼呼转动，很有动感和美感，把成都民俗风情和工业元素

▲ 杉板桥公园保留的输电铁塔　　冯荣光摄

有机结合起来，颇有创意。"跳蹬节点"草坪上有座当年的输电铁塔，在它的钢架支撑和四个"鱼骨式"横担上，用赤、橙、黄、绿、青、蓝、紫七种浓淡相宜的几何色块构成图案，装饰整个铁塔。抬眼望去，好像在欣赏一幅高耸入云的立体铁塔水粉画，透视感极强。这些遗留下来的输电杆塔和铁塔，是成都热电厂电力输出的历史纪念碑，它们无言地为我们保留着东郊工业的那些记忆。

"二五"期间，除了成都东郊，宝成铁路沿线的青白江、德阳、绵阳、江油，陆续开建了四川化工厂、成都钢铁厂、德阳中国第二重型机械厂、东方电机厂、绵阳长虹机械厂、江油水泥厂等一大批重点工业建设项目，从成都起始建设了长达227公里的成都—青白江—德阳—绵阳—江油—马角坝110千伏高压输电线路，简称"成马输电线路"。如果坐火车沿宝成铁路或坐汽车走川陕公路北上，可以看到成都平原上壮观的铁塔风景，猫头形铁塔、羊角形铁塔、干字形铁塔和巨人般的杆塔，在辽阔的平原上纵横交错，织成一道道银色的线路"天网"，强大的输电线路跨过平原、跨过江河，延伸到无际的天边。在欣赏着窗外平原上不断闪现的铁塔，工业时代的气息扑面而来时，你可曾想到，在这些铁塔巨影闪现的后面，有多少不为人知的故事呢？

前不久，我在成华区沙河庭院住宅楼，采访了成都铁塔厂退休老职工周光琼大姐。周光琼七十六岁，精神很好，记忆力好，人也非常健谈，给我讲起铁塔厂的事情，语言中总是充满了深厚的感情。

我们在杉板桥公园以及成都平原上看到的巨型铁塔，都是成都铁塔厂的产品。成都铁塔厂紧临成都热电厂，是中国最大的超高压输电线路铁塔生产厂之一，是110kV—1000kV高压、超高压、特高压输电线路铁塔等电网产品专业生产厂家，它的前身是电力部成都杆塔厂，建于1958年"二五"期间，正是成都东郊工业建设热火朝天的时候。杆塔厂主要生产水泥电杆，水泥电杆代替了过去使用树杆作为电杆的历史，水泥电杆比树杆电杆使用寿命长，节约木材，安全性也高得多，还可以有效地保护好线路。水泥电杆制品那时是俏货，计划经济时代，成都杆塔厂的产品非常受欢迎，供不应求。

1959年、1963年、1965年厂子几次进行扩建、改建，添置设备，引进先进的生产技术和生产线，扩大电力铁塔和杆塔生产规模，产品质量和数量都有很大提高。1973年，该厂产品首次出口，销售到非洲的埃塞俄比亚，为国家赚取了外汇。

1981年，周光琼的丈夫从部队转业，被安排到了成都铁塔厂工作，周大姐作为随军家属也一起被安排到成都铁塔厂。周大姐说："当时铁塔厂的条件很艰苦，工作场地非常脏乱，很多都是手工操作。戴的帆布手套，有时候一天就磨出了洞。做角钢是繁重的体力劳动，角钢非常重，厂里最大的机器就一个葫芦吊。尽管如此，工人们还是非常努力地工作。"

后来，铁塔厂从联邦德国MUBEA公司引进电脑控制全自动角钢加工生产线、电脑控制接板冲孔机床以及BERG公司的全套低温自控热浸镀锌生产线（锌锅容量340吨）后，改变了过去镀锌车间环境污染严重的状况，改善了工人的劳动条件，生产工艺水平和产品质量得到迅速提高，工人们的劳动热情提高很多，厂里得职业病的人大大减少。年加工热浸镀锌铁塔2.5万吨，铁塔产品的制作和热浸镀锌工艺达

▲ 成都平原上的铁塔风景　任鸿鸣摄

到国际先进水平。

　　改革开放以后，成都铁塔厂成为国家电力公司下属的专业生产制造220kV—500kV超高压输电线路铁塔及其他钢结构的骨干企业，厂里拥有国际最先进的进口设备。为了厂里生产的产品能够更好地走出去，国家有关部门还专门为铁塔厂修建两条3.5公里长的铁路专用线，这样，原料和产品就可以通过这个铁路专线运输出去，被运到全国各地。铁塔生产量每年可以达到5万余吨。

　　自1980年以来，铁塔厂既是四川省行业内的明星企业，又是出口创汇大户。铁塔产品多次获得部、省优质产品证书，工厂于1990年获得成都市文明单位和省级先进企业称号。

　　乘着改革开放的东风，成都铁塔厂领导抢抓机遇，投资成立成都银塔电力紧固件实业有限公司，专业生产输电线路铁塔及钢结构配套的M12—M48各种规格级别的镀锌紧固件、输电线路铁附件及220kV

以下等级铁塔（含其他钢结构件）。银塔公司拥有先进的冷镦生产工艺、角钢及板件生产工艺、中频加热成型工艺及热浸镀锌和热渗锌工艺生产线，配套紧固件产品年生产能力3000吨以上，铁塔及附件产品年生产能力2000吨以上，公司生产的紧固件产品销往全国27个省市，先后为20多条500kV输变电线路铁塔供应紧固件产品。公司产品出口布隆迪、喀麦隆、埃及、阿尔及利亚、阿联酋、伊朗、巴基斯坦、斯里兰卡、泰国、菲律宾、老挝、法国、意大利、秘鲁等国家。

1997年，成都铁塔厂啃秘鲁的项目这个"硬骨头"可谓惊心动魄。那一年，秘鲁138kV双回路高压输电线路工程国际招标，其中铁塔4800吨。成都铁塔厂的主要竞争者除了国内公司，还有日本、韩国、罗马尼亚、土耳其的公司。经过反复调查、访问、比较、考察，秘鲁将成都铁塔厂议定为首选合作伙伴。但秘方要求铁塔减重10%，这在中国没有先例，设计难度很大。再加上秘鲁、中方进出口公司、设计院、成都铁塔厂等方面系首次合作，沟通时间长，到正式投产时，工期只有45天。一个半月内近5000吨铁塔要整批生产出来，在铁塔生产史上还没有先例，仅是材料采购就要一个月。另外，秘鲁方又向成都铁塔厂提出装船要求，必须在春运高峰期申请近百辆车皮发到青岛装船。其中任何一个环节出错，无法履行合同，后果都是不敢想象的。如果秘鲁方向铁塔厂索赔，工厂那点底子只有赔垮。

这既是机遇又是挑战。工厂一季度没有订单在"等米下锅"，这宗2700万元的大合同很关键。厂长杜伟龙急得吃不下饭，睡不着觉，苦苦思考对策。这单合同做好了，能首次将铁塔打进南美市场，秘方也承诺，如果双方合作愉快，成都铁塔厂生产的铁塔可以免检进入秘鲁。

经过精心调度，科学配置人力、财力、物资，发动全厂职工奋战，铁塔厂终于啃下了这个"硬骨头"。当青岛港传来"全部装船完毕，大副已签发清结提单"的消息时，全厂欢声雷动，而劳累过度的杜伟龙厂长却瘫倒在办公室沙发上睡着了。

周大姐说："铁塔厂为央属国有企业，虽然他们厂里的工作比较辛苦，但是职工们还是比较努力，认真搞生产，效益一直都不错。"周光琼对铁塔厂满怀感情，直到退休，都没有换过单位，是厂里工龄比较长的老职工。

成都市启动"东调"后，随着成都热电厂的搬迁，成都铁塔厂也要搬出东郊。2003年9月被确定为第七批调迁企业，成都铁塔厂迁往龙泉驿区洪安镇。2004年12月，新厂区竣工。2011年，铁塔厂抓住天府新区建设契机，于10月整体迁至西南航空港经济开发区，建成现代化厂房10万平方米。企业产能达到年产角钢塔15万吨、钢管塔5万吨、热浸镀锌件20万吨。

杉板桥沙河左岸，正值阳春三月，草长莺飞、花红柳绿，在成都铁塔厂的旧址上，沙河公园旁一个新兴的大楼盘"龙湖·梵城"正在开建，一个城市新的风貌即将展现在世人眼前。

周大姐说，她没有事情的时候，就要走过杉板桥，到对岸的老厂旧址上看看，这是自己来成都后工作过的唯一的单位。

"锦江"灯泡照亮千家万户

1968年秋，我家里那盏15瓦的灯泡坏了。灯泡是按计划供应的，没有购货券是买不到的。晚上，只能守着煤油灯打发长夜。同学知道后，说他有办法。于是，他骑着家里的自行车搭着我到二仙桥成都灯泡厂找他大伯。出一号桥后，沿府青路一直往前走，那条路好远，我在后面只听到同学蹬自行车呼哧呼哧"拉风箱"的声音。要到十里店地质学院了，右边有一条岔路，自行车顺着那个小坡坡一路滑到厂门口。同学的大伯在库房"开后门"给我找了一个15瓦的灯泡，拿到手上我才第一次看清了上面有个圆形商标，由锦江二字组成。那时成都市千家万户用的都是"锦江"牌电灯泡。不过，那时电力紧张，灯泡厂生产的民用灯泡只有220伏15瓦、25瓦、40瓦三种型号，居民只能用15瓦的灯泡，机关单位办公最大也只能用40瓦灯泡。

成都灯泡厂给我留下的第一印象就是：离城太远，纯属农村。厂四周都是黄土色的田坝，还有些坡坡坎坎，算是真正的"东郊"了。

现代人早就享受着比较发达的高科技成果，跟我们密切相关的事物，比如电灯电视等，因为太普通，反而被人忽视。哲学家奥修说过：当鞋子合脚的时候，你一点不会想起鞋子。现在，当我们进门随手一揿开关，家里的各种电灯就大放光明。出门在外面，大街上有路灯、霓虹灯、灯箱广告灯等五光十色的光源，煞是好看。我们完全忘记了，给我们带来这么多光明，这么丰富多彩生活的灯泡，到底来源

▲ 成都灯泡厂　跳蹬河街道办供图

在哪里呢?

　　还是来说说成都灯泡厂。说来真巧，它的位置就正好在跳蹬河街道"马头"眼睛的那个部位，马的眼睛是明亮的。成都灯泡厂就是"马"的眼睛。

　　程国杰在成都灯泡厂工作了一辈子，参加工作就在灯泡厂，从学徒工一步一步走上了领导岗位，他对灯泡厂充满了感情。程国杰可以说是成都灯泡厂的"活字典"。

　　民国时期，成都电力工业还很落后，没有灯泡制造工业，市民用灯泡全靠外地供应。1958年，成都市政府组建成都玻璃制品厂。"一五"期间，成都东郊已经被定为工业区，在这片土地上，入驻了很多军工系统的大型国营企业以及钢管、电力、制药等行业。民用玻璃制品在成都市还是个空白，市政府决定组建成都玻璃制品厂，厂址就选择在东郊的十里店。这个玻璃制品厂除生产日用玻璃制品外，还生产民用灯泡。1958年，玻璃制品厂派人去重庆灯泡厂学习灯泡制作的工艺技术，等这些学成归来的人回到厂里，1959年厂里就正式成立了灯泡车间。大家利用学习来的技术加上自己的努力研究，于1960年试制普通灯泡成功，在当年就生产了2.8万只灯泡，第二年开始投入批量生产，这一年的产量很高，全年共生产普通灯泡34.8万只，还有特种灯泡7.4万只。1964年，厂里停止生产其他日用玻璃制品，专门生产各种灯泡。1965年，玻璃制品厂正式更名为成都灯泡厂。

灯泡厂远离市区，牛龙公路是当时最主要的道路，另外还可以走田间的小路。程国杰告诉我，每到春天，厂工会就要给职工们发草帽、纱巾，因为职工们上班走小路，要经过大片田野，春天田野上到处是蜜蜂，很容易蜇伤人，所以用草帽纱巾保护一下总是好的。但是，每年都还是有职工被蜜蜂蜇伤的事发生。

当时成都灯泡厂里有三条普通灯泡生产线，一条小电珠和矿灯生产线，一套制氢烧氢设备，六台通用设备，三十一台专业设备。但部分设备有些老化爱出故障，经常要进行维修。灯泡玻壳和灯丝都是手工作业，生产工序之间不平衡，生产方式落后，每年只能生产200万只左右的灯泡。1965—1969年，国家向成都灯泡厂投资54.5万元，补充设备，淘汰了一些陈旧的设备，提高了生产能力。

1966年，成都灯泡厂毗邻的红光电子管厂，将他们厂里的水银灯汽车真空前大灯的生产设备和工艺技术移交给成都灯泡厂，这就为成都灯泡厂增添了技术力量和新产品。大家不等不靠，努力提高产品质量，自筹资金添置配套了汽车灯泡、碘钨灯泡、全反射放映灯泡和激

▲ 1969年的灯泡供应券　冯荣光摄

励灯泡等四条生产线，又对普通灯泡玻壳和封口等设备进行了更新改造，不再用人工吹制玻壳，封口工效也提高了七倍，又安装了一条天然气管道，建立配气站，生产技术大大提高，结束了玻璃熔炉烷爆的历史，生产安全性也大大提高。

正当大家热火朝天干工作的时候，"文化大革命"开始了，在十年"文化大革命"中，成都灯泡厂正常的生产秩序遭到破坏，生产时断时续，产量质量受到极大的影响。

"文化大革命"期间，在成都灯泡厂产量减少、市场供应不够的情况下，1969年，彭县海窝子玻璃厂（为成都灯泡厂配套生产灯泡玻壳）提出生产灯泡的设想，经县主管部门同意后，在成都灯泡厂的指导和帮助下，1970年正式成立了灯泡车间，年产普通灯泡五万只。青白江区、新都县、彭县乡镇一些大队（现为村）兴办了祥福灯泡厂等六家普通灯泡生产厂，生产普通照明灯泡。这些厂相继在灯泡供应缓和后停办。

1969年，在成都灯泡厂的部分技术人员的带领下，厂里小批量生产了汽车灯泡、碘钨灯泡、全反射放映灯泡和激励灯泡等，算是厂里研发的新产品。

也是在这一年，毕业于成都十三中的程国杰响应号召，到农村去，上山下乡当知青。在眉山农村当了两年知青，因为劳动表现好，被贫下中农推荐回城，到灯泡厂机修车间当了一名学徒工，工种是铣工。从农村回到城市，程国杰相当高兴，满腔热情地扑在工作上。

1972年，在陕西宝鸡市召开了全国灯泡行业的高端学术会议，在宝鸡会议的号召下，成都灯泡厂试制出电影新光源——聚光溴钨灯。1973年成都灯泡厂的技术人员先后研制并投产了放映卤钨灯、仪器卤钨灯、幻灯卤钨灯、医用卤钨灯四大系列产品，这些产品都是属于比较高端的产品，在国内有一定的知名度。

这个时候，国家出台了一项政策，让有条件的企业自己办大学，叫"七二一工人大学"。

程国杰说：灯泡厂办了一个七二一工人大学，主要学员是厂里的青年工人，厂里的学员有三十几个人，全部都是车间里的骨干和有发展潜力的技术人员。他们采取全脱产的形式，关门读书，从基础学起，老师是厂里的高级工程师和从大专院校请来的老师。课程有高等数学、微积分、机械制作、机械制造、热处理工艺等。学员们在学校学到了很多有用的知识，后来都成了厂里的生产技术骨干。学校组织学生到泸州长江挖掘机厂、德阳二重等大型企业实习，将学到的知识灵活运用到工作中去。

1974年，成都灯泡厂成立上海、成都介质膜冷反光镜的两个攻关组。成都灯泡厂联合四川大学物理系等单位进行攻关、研制获得成功，1975年正式投资，产品质量达到国外同类产品水平，工厂扭亏为盈。

"文化大革命"结束以后，人们的生产积极性大大提高，企业的管理也得到了规范，各种规章制度和奖惩激励机制也慢慢建立，生产恢复正常。

1979年，成都灯泡厂成立了科研所，研制成功低电压小功率卤钨灯、高温膜反光镜、放映氙灯、放映锡灯、医药微型灯泡和仪器特泡等特种灯泡。1980年成立氙灯车间，以后发展到十个氙灯品种，成为系列产品。1978年，特种灯泡向东南亚国家出口，取得较好的效益。

1980年，灯泡厂改造了配料防尘车间厂房及其设施，使玻璃配料量每班可达二百吨；三大类玻璃配料品种有两类实现自动配料。成都灯泡厂的科技人员还研究开发建立天然气转化为水煤气设施一套，结束了我国灯泡制造行业通过烧煤产生水煤气做燃料的历史。在全国灯泡工业中，该项技术乃首创，这也是成都灯泡厂为行业做出的重大贡献。

1980年成都灯泡厂调整产品结构，批量生产市场需要的放映氙灯和高温膜冷反光镜，企业当年盈利较好。此后灯泡厂增加普通灯泡新品种二十八种，改造了配料房和镀膜车间。1984年，引进日本东芝公司硝子株式会社T—24头玻壳吹泡机和瑞士的制丝设备，使玻壳产量提高到每日十万只，年生产普通灯泡达到三千万只以上。1984年厂里还研制出双螺旋普通照明灯泡，其发光效率较单螺旋普通灯泡提高百分之十；同年该厂科研所成功研制了彩色照相制版的新型冷光源——无极放电平板灯。

▲ 成都灯泡厂原址已是高楼林立　冯荣光摄

　　"七五"期间，成都灯泡厂受到能源供应不足，原、燃材料大幅度提价的影响，生产遭受较大损失。厂里经常停电，一停电就只有停产，最多的一年停电二千小时，曾因电和天然气原因，普通灯泡停产一个月，特种灯泡减产。之后全国普通灯泡过剩，各灯泡厂均降价出售，成都灯泡厂就转而增加特种灯泡生产，特别是新品种的生产。

　　成都灯泡厂的普通灯泡系列产品被轻工部评为全国一等奖，远销南非、巴基斯坦、丹麦等国和我国香港地区；特种灯泡和介质膜冷反光镜不仅行销全国二十三个省、市、自治区，还销往法国、意大利、德国、希腊、摩洛哥、比利时、巴基斯坦、印度尼西亚、新加坡、马来西亚、加拿大等国和我国香港、台湾地区。

　　在最好的时期，成都灯泡厂修建过几次职工宿舍，作为工会主席的程国杰每一次都参加了分配房子的工作。由于他工作仔细，对每一家人的情况都非常了解，所以分配方案按照他的建议做出来后，大家基本都没有意见，新的一批分配到了，剩下来的一批就接着分配。他说，每一次分房子，就算是新的只修建了五十套，到最后要搬迁房子的人，都可能是二百家。当时作为成都灯泡厂的工人，还是非常自豪的。

20世纪80年代后期，成都灯泡厂走市场化道路，调整产品结构，成为东郊工业区的盈利企业之一。这种盈利状态一直保持到90年代中期。到了90年代中后期，受体制制约，成都灯泡厂也与大多数东郊国有企业一样，存在着包袱过大、负担过重等问题。这些问题严重干扰了企业的正常经营，让企业慢慢陷入困境。

21世纪初，成都市做出了"东调"的决定，成都灯泡厂因为长期负债经营，早就陷入困境，被成都市列为破产企业。

风光了几十年的成都灯泡厂，就这样在新时期城市建设和发展中销声匿迹了，让人感慨不已。

谁持彩练当空舞

　　人类进化的标志之一，就是知道羞耻，当古类人猿站起来直立行走的时候，就迈入了人类的行列，他们用树皮草根遮挡住身体的关键部位。从此后，人类不断探索能够让自己体面地出现在世人面前以及可以御寒的物件，从树皮棕丝草叶开始，直到发现蚕丝、发现棉花，直到缫丝织布，直到缝纫制衣，人类是经历了漫长的岁月才把自身打理成这个世界最高级的生物体——人。

　　20世纪50年代，计划在成都东郊兴建一座纺织城，为的是让人们穿着更温暖，衣着更漂亮，活着更有尊严。然而，好事总是多磨，人生总是悲喜交集。川棉"三下四上"，演绎出悲壮而苦涩、执着而坚韧的创业史。一首《纺织工人之歌》唱出了"川棉"两代人的心声：

　　　　将梦想与期冀/在经纬间穿梭/把密密麻麻的心事/和闪光的金丝银线融合/用晶莹的泪水和着汗水/谱写美妙的希望之歌/让每一张年轻的笑脸/因劳动的自豪更加快乐/让理想和幸福在憧憬中激活/把姹紫嫣红的春色点缀……

手摇纺车 "纺" 出百姓生活

　　"嗡嗡……嗡嗡……"当我一梦醒来，耳边总是传来一阵阵均匀而有节奏的老式手摇纺车纺线的声音，这声音伴随着我的童年。每晚，在昏黄的油灯下，奶奶为全家人做衣服而忙碌着，牵动着线线的手臂，时而将线拉得长长的，时而又将线收缩得短短的，那朦胧的身影映在墙上，像一张剪影深深地印在我的脑海。

　　睡不着，我就伏在被窝里，看奶奶不知疲倦地摇啊摇。嗡嗡的纺线声，像一首催眠曲，听着听着，眼皮就打架，一会儿，我又进入了梦乡。

　　那时候，我们一家有七口人，三个大人，四个小孩，所有生活物资都要凭票证购买，布要布票，棉花要棉花票。一个人一年才配一丈二尺布票，就算勉强够用吧，也因为家庭贫困而没有钱去买机制的"洋布"，只能用自织的土布做衣服，而自织的土布，原材料就是棉纱线，棉纱线就是手摇纺车纺出来的。棉花也是要钱买的，为了节约钱，衣服是四个小孩大的穿了，小的接着穿，穿烂了，奶奶和母亲就用针线缝补。真的是"新三年，旧三年，缝缝补补又三年"啊！我直到上中学，才穿上卡其布衣服。吃饭、穿衣，是那个年代每家每户的大事，往往要计划了又计划。奶奶每日纺纱的勤劳，母亲持家的精打细算，对我一生影响很大。

　　说起手工纺纱织布，那历史也是相当漫长，从纯手工到半机械化，到全部机械化，在中国社会经过了两三千年。

据四川省地方志编纂委员会编写的《四川省志·纺织工业志》记载，在成都和周边地方出土的文物中，有用石、骨、陶制成的纺锤和骨针、骨匕等原始纺线和编织工具。近年在双流等地也出土了石器纺轮等。《华阳国志·巴志》中也有记载。这说明早在新石器时代，成都平原已开始有手工纺织生产。春秋战国时，蜀已盛产布、帛，著名的"黄润"细布被列入贡品。汉代，蜀地丝、麻纺织技术已达到较高水平，出现了以斜织机为代表的手工纺织机械和多综多蹑的提花丝织机。西汉时"蜀汉之布"成为全国名品，还通过"南方丝绸之路"输出到今印度及阿富汗、中亚等地，连蜀汉丞相诸葛亮也在广都（现双流）葛陌村"有桑八百株，薄田十五顷"。唐宋时期，纺织业特别是丝织业进入繁荣时期，四川很多地方都栽桑养蚕。唐代麻纺织业也有了新的发展。到了宋代，蜀锦生产技艺更有新的进步，每年上贡的锦绮等丝织品占全国贡数大半。南宋时，四川与江苏、浙江，同列为全国丝织业的三大产区。宋末，棉花种植和棉纺织技术传入四川，经元、明时期的发展，至清代中期以后，棉纺织业逐步发展成为四川纺织业中的主要行业。棉布代替麻布成为大众衣着用料。明末清初，经过朝廷几百年的"湖广填四川"的移民活动，移民带来了夏布的先进纺织技术，隆昌夏布逐渐成为四川著名特产。鸦片战争后，沿海及沿长江商埠相继被迫开放，川丝开始销往国外。

抗日战争时期，沿海沿江大批纺织工厂内迁。以棉纺织工业为主体的棉、毛、丝动力机器纺织工业快速地发展起来，四川近代纺织工业进入第二次大发展时期。据1940年6月的统计，内迁入川的纺织厂二十五家，还兴办了二十六家。几年间，四川就成为大后方纺织业的主要生产基地，机器棉纺锭数占大后方总锭数的半数以上。

同时，纺织机械制造业也发展起来。这一时期，内迁蚕丝专科学校一所，在两所高校中设立纺织（蚕桑）科、系，开创了四川省纺织高等教育的历史。

历史上，成都是手工纺织业十分发达的城市，闻名海内外。20世纪初，劝业道总办周善培大力提倡，积极推广机器纺织，成都方才出现近代意义上的机器纺织业。20世纪30年代，成都城内机房云集，共有机房三百五十余家。但其规模大体还属于作坊式小规模，稍具规模的只有翕华机器纺织厂、吴永森帆布厂、新华布厂、德光布厂、女子自治织布工厂等数家。1937年抗日战争全面爆发，沿海及东部大批工厂内迁，成都是内迁主要城市之一。在成都纺织业影响较大的工厂主要有成都裕华纱厂、申新第四纺织公司成都分厂、成都宝星纱厂、民康染厂、华兴电机弹花厂等，促进了成都纺织工业的发展。但这些内迁的民族纺织工业大多规模不大，产量不高，产品除少数外销，基本都在本市销售。手工纺织业仍然十分普遍，为了解决穿的问题，人们仍然只有自己纺纱织布，这种现象一直延续到20世纪五六十年代，在农村和山区则延续到70年代甚至80年代中期。

奶奶和她的纺车早已作古，嗡嗡的纺车，纺出了过去百姓民生的多艰。那一切，离我们越来越远了，成了茶余饭后的"怀旧故事"。奶奶如果天堂有知，也会为她的子孙后代衣食无虞而含笑九泉的。

"三下四上"的纺织城

从手工纺织到机器纺织，是人类纺织历史发展的必然。成华沙河畔的川绵厂就实现了手工纺织到大机器生产的历史性飞跃。

在成都市二环路东三段，有一个很大气的楼盘"九龙仓·御园"。这个楼盘由香港九龙仓房地产公司开发，这也是东郊较早的高档楼盘之一，这个楼盘间距宽、绿化好，管理很规范，物管也到位。可是在二十几年前，这里是四川省最大的棉纺织厂"四川第一棉纺织印染厂（简称'川棉厂'）"厂区。

在2019年春天，我专门来这里进行采访，我采访的主要对象李在荣师傅是川棉厂的"棉二代"，他的父母在川棉厂工作了一辈子，他自己也在川棉厂工作了一辈子，贡献了青春，也贡献了毕生的心血。像这样的家庭在川棉厂比比皆是。正因为如此，当他说起川棉厂的事情，话匣子就打开了。

李在荣师傅五十多岁，刚刚退休，精神矍铄，是个热心肠的人，他带我看了川棉厂过去的位置。当然厂区早就没有了，看到的就是面前的几个楼盘，九龙仓·御园、锦绣东方等。李师傅带我走进这些小区里，指着地方给我看，具体给我讲解过去这里是什么，那里是什么，还讲了很多我闻所未闻的有关川棉纺织城的故事。

新中国成立后，我国从落后的半殖民地半封建社会转入社会主义社会，一穷二白，百废待兴，人民生活的很多必需品都十分缺乏。此

▲ 俯瞰川棉厂　成华区政协供图

后国家实行计划经济，很多老人清楚地记得，改革开放之前，人民生活的必需品比如粮食、副食品、棉花、棉布等都是按照计划凭票证供应。那时候，城市人口每年每人配有一丈二尺布，凭布票购买，农村人口则更少。那个布的幅宽最多也就二尺七寸，因为当时的织布机最宽也只能够织出那么宽的布了。

正因为如此，西南纺管局下决心在四川建一座大型纺织工业城，后来就有了有关国计民生的川棉一厂。今天，我从众多的资料中看到，省内最大纺织巨头四川第一棉纺织印染厂从开建起，就颇不顺利，一路风风雨雨，经历了"三下四上"的艰难历程，折射出当时的国情民情和社会发展状况。

共和国成立初期，国家就准备在西南建立一个纺织工业城，但是限于财力和交通条件，结果都搁浅了。四川所需棉布半数依赖外地

▲ 1960年四川省布票　冯荣光摄

调入，供需矛盾十分突出，西南纺管局再次下决心在四川兴建一座大型纺织城。经过多次申请，中纺部于1957年2月下文："同意成都棉纺织印染联合工厂建于成都东郊，位于沙河以南，电厂西南300公尺处……"这算是国家同意在成都建立棉纺织印染厂的最正式批复。

西南纺管局接到批复后，立即成立筹建处，抽调四十二名干部开始筹备，做了选择厂址、丈量土地、勘测地下水位、绘制草图、设计主厂房等大量前期准备工作。

按设计图纸红线标志，厂址北起麻石桥，南至牛龙公路达双龙岗，东至热电厂小学，西达蔡家花园、梁家堰旧址，占地面积一千四百余亩，是一个宏大的纺织印染联合企业，故当时川棉厂初名为"国营成都棉纺织印染联合工厂"。这个宏大的规划，确实让当时的筹建组人员激情满怀。

规划北边为原棉仓库，有四个高支纱厂、织厂，两个印染厂，中间大片空地是主厂房，南边是厂办公大楼，主厂房东边是第二批工程印染厂厂址，向南则是工厂文化福利区，规划将在那里建立子弟校、托儿所、大礼堂、万人广场。大家按照规划图纸，热火朝天地搞基础建设。6月初，筹建组突然接到省上通知，因材料、物资供应不足暂缓筹建，川棉厂的筹建草草收场，这是川棉第一次下马。

一年以后，1958年7月，川棉厂再次上马，并下达了生产任务。当时，正值"大跃进"时期，"赶英超美"的口号在神州大地震天响，全国人民以大炼钢铁为第一要务。为了给"钢铁元帅"让路，川棉厂于当年9月下马。这是第二次建设，不到两个月，就按下了暂停键。

1959年3月，川棉厂建设再次上马，上级要求在6月底前完成建设及设备安装任务，力争"七一"前全面投产。工厂筹建组带领全体人员拼命奋战，争分夺秒抢工期。戏剧性的是，还没到6月底，又被叫停了。原因是基建材料严重短缺：钢材、水泥、砖瓦等无货；那几年的农业也大伤元气，棉花紧缺，川棉厂无原料，所以完全无法进行生产。1959年6月，川棉第三次下马。

虽然川棉厂的建设一波三折，但是川棉厂的人，却没有停滞不前。在1959年6月第三次被迫停下之后，川棉厂的人想方设法，按照开工生产的目标努力，即使在生活相当困难的年代也没有放弃，而是自力更生，把仓库作为临时的厂房，一直在生产纱锭和棉布，坚持了七年之久。

第三次下马，主厂房的施工完全停了，但原棉仓库和九幢职工宿舍还在继续建设，施工单位也经不住筹建处人员的软磨硬泡，留下了少数施工人员，同志们又到处寻求支持，弄到一些水泥钢材。更让人高兴的是，他们从三砖厂弄到了二十万匹火砖，这些火砖都是统一的标准，长宽高大约24厘米×12厘米×5厘米，每一块砖都有五斤（2.5公斤）重，二十万匹砖就是五十万公斤，堆在一起也是好大的一堆啊！如何才能把这么一大堆东西运回来，确实颇费脑筋。

所有的车辆全部都在大炼钢铁的工地上，找得到的交通工具就是架架车。于是筹建处全体出动，组织了架架车运输队，有近百人，男男女女，干部职工都有。没分到架架车的，就用箩筐挑，用自行车驮。

从三砖厂到川棉厂工地有七八里地，如果时光可以回放，我们就可以看到，一支长长的搬砖队伍，男男女女都有，各种工具都有：架架车、自行车、独轮车，以及扁担箩筐。搬砖大军人来车往，好不热闹，一条长龙游走在东郊的大地上。在运输队员中有一个拉架架车的人，他就是刚从部队转业任川棉厂筹建处主任的安国政。他是老红军，屡次负伤，年过半百了，左臂负伤不能伸直，是甲等一级残废，但是他一直战斗在第一线，不仅架架车争拉中杠，还一拉就是一天。在安主任言传身教、亲力亲为的带领下，同志们个个争先恐后，受了伤也不叫苦，大家每天搬运十个小时以上。历经将近三个月的苦干，终于运回二十万匹火砖，保证了仓库和宿舍建筑如期完成。

这时，有一千四百名新进厂的学徒工在重庆结束培训正要回厂，这么多的人，来到还没有建设好的厂里，是很大的压力。于是，厂里群策群力提出用建好的仓库安装纱机，进行简易生产，暂时渡过难关。

其实，仓库只是一个空架子，地坪都没有打好，也没有材料打地坪，大家只好用火砖铺地来代替。川棉厂堆积最多的材料就是大家从三砖厂搬运回来的火砖了。铺了一个月火砖，到了1958年12月中旬，地还没有铺好，"年底出纱出布"眼看要成泡影。又有人去说服成都纺织厂答应暂时供应粗纱，大家赶紧生产，1958年12月24日，川棉厂终于在自己的"厂房"里，用自己的设备，纺出了首批二十一支细纱，提前七天向1959元旦献礼。川棉人因此而欣喜若狂，奔走相告，当即向市委领导报捷。

▲ 川棉厂织布车间　张会江摄

这是川棉厂三上三下以后，终于生产出来的第一批产品，当然让大家喜出望外。

1959年，川棉厂就开始在仓库里生产了。新厂长王瑞是省轻工厅派来的，他一上任就深入第一线了解情况，而后，他做出决定：加快机台安装，继续扩大仓库生产。那一千四百多个学徒工和原来的老职工，就开始在这里正式上班了。李在荣的父亲、母亲也是那个时候，作为熟练工，从重庆的610厂调到成都川棉厂来的技术骨干。

今天我见到李妈的时候，她已经是九十三岁高龄的人了，她是在自己最好的年华跟着丈夫从重庆的610厂来到成都的，她告诉我，到今年已经整整六十年了，她除耳朵有些背外，思维很清晰。

我们坐在锦绣东方小区休闲椅子上聊天，过上过下认识她的人都亲切地称呼她为"李妈"。李妈说他们当时到了成都以后，这里还都是田坝，只有两栋很小的房子，他们就和厂里其他人一起，自己动手建住房，建厂房，进行艰苦的生产。

然而，从1960年开始，国民经济进入了三年"困难时期"，也是川棉厂创业最艰辛的时候。当时粮食、棉花产量暴跌，完全没有原棉供应，生产只好时开时停。这时川棉人主动出击，不等不靠，在棉花收获的季节，派出一百五十名职工前往乐至、简阳等产棉区，帮助农民采棉、轧花、打包、运输，经过大半年，运回一万七千担新棉花，才使得生产有原料。燃料困难，厂里就派出一百七十名职工去煤矿蹲守运输。在停产期间，多余劳动力参加修路、土建和支援农业劳动。然而，突如其来的大饥荒，威胁着每一个川棉人。

《激情岁月——成都东郊工业史话》里"不屈的川棉"有这样的描述：

> 在全国粮食供应非常紧张的时候，工人每月粮食定量降为26斤，干部定量降为19斤，肉、油等副食品则早已停止供应，食堂三餐全是干盐菜下饭。为了改善职工伙食状况，食堂用苕叶当

菜、麦麸酒糟当粮、小球藻做汤等代食充饥。同时发动职工利用路边屋后大种蔬菜权作补充。当年还在洪河公社自办50亩土地的农场试种洋芋，但是无收成。还在厂内自办养猪场，因无饲料，曾采用锯末发酵代猪饲料以度荒自救。

由于职工终日劳动、营养不良，男职工中有三百多人患水肿病，女职工四百多人停经。为此，党委指令卫生科采取紧急医疗措施，让病患集中休息治疗，增加营养。同时制定出全厂职工每日出工六小时、学习两小时的劳逸结合制度。厂领导亲自到食堂查看，堵塞粮食漏洞，派人外出采购代食品，粗菜细做，改善食堂工作。经半年努力，每人每月可吃到二两猪肉，至年底厂内自养猪205头，库存干菜13000斤，使1961年度荒有了一定储备。

现在回想当年那场景，真的是非常心酸，基本的吃饭都无法保障，大家还在想方设法地搞生产、搞建设。那一代人，真让人感动。

一直到1964年3月，国家计委和中纺部召开了"三五计划会议"，川棉厂再次列入上马项目。这是第四次上马，上级对川棉的再次上马提出严格要求：要吸取"大跃进"和简易投产的教训，按照正规建厂建设。从1964年8月起，工厂开始全面建设，施工队伍、施工材料都按照正规建厂的方案计价实施，到1965年5月，纺织厂房建成；10月纱布两场设备一次试车成功，年底全厂开齐。印染厂房1965年初施工，1966年10月主机安装完毕，11月开始试生产。

川棉厂的建设一波三折，上马下马各种折腾，以致从1957年开始的建设，直到八九年后，才基本全部建成。因为拖拉的时间太长，窝工返工严重，主厂房每平方米造价高达139.3元，比同期全国水平高30%，为控制成本，对生活设施做了大量压缩，这给后来职工生活带来了困难。

然而不久，"文化大革命"开始了，川棉厂深受其害。1967年至1968年厂区发生三次大规模武斗事件，生产多次瘫痪，厂里的器材原料大量流失，损失近亿元。川棉厂的职工直到现在都不愿意回忆那个疯狂的年代，但愿它永远不要再来。

"文化大革命"终于过去。川棉厂生产开始慢慢恢复，省、市党委联合派出工作组来厂整顿，调整充实领导班子，开展"工业学大庆"的生产运动，当年提前完成生产计划。经市政府批准为"工业学大庆"先进企业。

川棉一厂建厂初期纺织设备以国产的织机为主，之后进行改造升级。1990年，从捷克斯洛伐克、日本、比利时引进喷水织机，工厂具有年产纱1.5万吨，布6000万米，印染布1.15亿米，服装30万件套的生产能力。主要产品由建厂时单一纯棉中低支纱和窄幅坯布发展成为有纯棉、化纤、混纺三大系列300多个品种的纱、布产品。市场由原来以农村为主转为面向全国（包括我国港澳地区），并出口日本、美国以及欧洲、大洋洲、非洲、东南亚、独联体国家。

中共十一届三中全会后，省委、省政府确定川棉厂为全省扩权试点的五户企业之一。工厂通过扩大企业自主权，以市场为导向，产品为龙头，调整产品结构，扩大涤棉混纺产品规模，加快技改步伐，提高工艺设备水平，成为全市工业企业的利税大户。

继省、市将该厂列为改革试点单位之后，该厂又被国家经委列入

谁
持
彩
练
当
空
舞

▲ 川棉厂纺纱车间　李在荣提供

全国首批大中型技改骨干企业、全国500家大型企业行列，并于1987年荣获省先进企业，1989年荣获国家二级企业的称号。1988年5月，被省、市人民政府列为超前改革单位，实行股份制运作。1989年12月，以川棉厂为核心，组建成都九星纺织工业集团。先后兼并成都针织一厂和织布三厂，并与双流县经委联营组建了川双化纤纺织厂、川双化纤织布厂。

在步入正轨的川棉厂，李妈一家和其他职工家庭一样，努力而幸福地生活着。李妈和丈夫一起，在厂里从青年干到了退休，把自己一生最主要的年华都贡献给了川棉厂。李在荣兄妹等也在川棉厂的子弟学校读书、成长。

在川棉厂长大的李在荣师傅，毕业于川棉厂子弟校，他十八岁进厂，在厂里工作了一辈子，干过很多工种。他告诉我：纺织厂的工序很多。分两大部分：纺纱和织布。从纺纱开始，棉花从原产地运输到纺织厂以后，要清花，就是要把捆得很紧实的棉花送进机器，把棉花松开，去除杂质、灰尘等。用机器把棉花拉成棉卷，再分成手臂一样粗的大棉条，然后再把大棉条通过机器拉成拇指粗的棉条，这个工序叫梳棉，继续把拇指粗的棉条拉成更细小的棉条，也就是从普梳到精梳。之后是把很多的细棉条合并成粗纱，把粗纱拉成细纱，达到可以织布的水平，再把纱线绕到纱锭上，在织布机上进行织布。各种布有各种纱锭，也有不同的织布机。织出来的布都是白色的坯布，将坯布送到印染厂去印染成各种花色品种，从棉花到布料的工序才算完成。

20世纪80年代，川棉厂织布车间相当大，起码有二百多米长、七十多米宽，厂房高达七八米，有三千五百台布机，场面非常壮观。车间里噪声很大。走出车间，耳朵里嗡嗡回响的声音往往几分钟后才会消失。一个女工要看几十台机器，要不停地巡看，上一天班相当于走几十公里的路。一旦出现断头，机器就停了，必须马上打结接好。纺纱织布对生产环境的要求是比较严格的，必须要有恒定的温度和湿度，否则很容易出现断头，断头多的布织出来就是次品。

李师傅回忆，他是1979年厂里恢复正常后进厂当的学徒工人，学徒工资每月18.5元，三年过后当了正式工人每月有31元。

像他们这样的青年工人很多，每个月的工资有限，厂里的师兄弟们在老工人的带领下，进行"上会"。"上会"类似于民间小额集资，就是一些人自由组合，每月发工资的时候，每个人出相同数量的钱，比如12个人每个人出5元，那么每个月就有60元，由大家抽签，轮流排序，每月按序由一人获得这60元。李师傅的第一块手表，就是用"上会"的钱买来的。

这块手表让李在荣自豪了很久，每天看到手腕上指针嗒嗒嗒地转动，心里就非常高兴。这块手表，跟随他在川棉厂上班，一直戴了很多年。

走入正轨的川棉厂，发挥了巨大的能量，四川省的棉布供给不再需要外调，每年给国家上缴的税金都上亿，且解决了好几万人的劳动就业。厂里的食堂都有四个，每个食堂都有五六百人吃饭。工厂就是一个小社会，有幼儿园、子弟校、电影院等，还有一个专门的消防队，都是专业的消防员。总之，说起当年的川棉厂，厂里的人自豪，外面的人羡慕！那是非常风光的。

20世纪90年代中后期，随着国际国内市场的变化，川棉厂因为盘子太大，渐渐出现亏损。为了发展的需要，企业实行改制，组建四川第一纺织股份有限公司，是省属国有控股企业。

2002年底，川棉厂被确定为成华区第三批搬迁的企业，2003年最终确定迁至金堂县淮口镇，于当年10月启动搬迁。2005年，四川第一纺织股份有限公司改制成立四川川棉印染有限公司。建成现代化厂房六万多平方米，拥有六条连续染色生产线、两条圆网印花生产线，产品种类包括纯棉、涤棉、麻棉、棉毡。

凤凰浴火重生后的四川棉纺织一厂，获得新生，又恢复了20世纪八九十年代的辉煌气象。

地址变迁了，厂房变换了，但是川棉厂的魂还在，川棉厂人吃苦耐劳、坚韧不拔的风骨还在。

染织五彩缤纷的霓裳

紧挨着四川最大的纺织城——川棉厂，还有一个姊妹厂，那就是川棉印染分厂，属于四川第一棉纺织厂第二期建设项目。川棉厂建设经过三下四上，所以这个印染分厂没有同步建设，而是在1964年才开始建厂的。

这一年，川棉厂的第二代曾鸣出生在这里。曾鸣父母的老家，一个在四川泸州，一个在四川富顺，他们都是本地品学兼优的好学子，后来以优异成绩考上了上海华东纺织工学院。大学毕业后，他们都被分配到川棉厂，是川棉厂的重要建设者和优秀技术骨干。

他们把工厂当成家，跟川棉厂一起成长，青春也在这里绽放。他们到川棉厂以后，恋爱、结婚、生子。就在建设川棉印染分厂的时候，曾鸣出生了。他们一家住在川棉厂的宿舍里，享受着天伦之乐。可爱的儿子在牙牙学语，在蹒跚学步，在渐渐成长，川棉印染厂也由无到有，由小到大，渐成规模。

印染分厂的设计规模很大，也很先进，一共有五条印染生产线。但是刚刚修建完成，就遇上了"文化大革命"，工厂正常的生产生活秩序受到了严重影响，分厂一直没有达到应有的设计生产能力。

从1978年开始，国家开始拨乱反正，恢复被扰乱的生产生活秩序，所有的企事业单位开始走上正轨，川棉印染分厂也走上了快速发展之路。

1977年，川棉印染分厂增加了维棉生产线，产量最高时达1400万米，成为全国三大维棉生产基地之一。1978年印染分厂扩建了一条年产1000万米涤、棉生产线。由于产品质量很好，在市场上很畅销，营业收入和利润都大大提高。

▲ 五彩缤纷的印染花布　傅厚蓉摄

1979年，刚刚十六岁的曾鸣进入川棉印染分厂工作。他是在这里出生、在这里长大的，对厂里的一草一木都充满了感情。他进厂那会儿，是川棉印染分厂腾飞的时代，年轻的曾鸣对未来充满了希望，他满腔热情。到厂里以后，他才发现自己需要学习的东西很多，后来在厂里读了三年技校，掌握了很多生产操作技能，又跟着师傅学习了很多实际的操作经验。曾鸣在厂里多个岗位工作过，在每一个新的岗位上都游刃有余。

1982年，印染分厂又投资1250万元，新建宽幅涤、棉染整线一条和中长纤维半松式染整线一条，于1983年投产，形成1.1亿米染整能力。

改革开放后，市场的供应渐渐丰富了，人们吃上了饱饭，开始追求生活的质量，穿衣的需要也增大了，讲究穿衣的花色品种和式样的搭配。印染分厂原来有六色印花机两台，八色印花机一台，产品远远不能满足国人的需求。厂里根据市场需要，提高印花布产量，同时提高产品质量，于1984年、1985年，陆续投资445万元，引进荷兰斯托克十二色圆网印花机一台、联邦德国阿托斯蒸化机和雷密多功能电光机各一台，美国格斯纳接触灵敏型磨毛机一台。这些设备的引进，大大提高了印染分厂产品的数量和质量，厂里规模和生产扩大不少，取得了很好的经济效益和社会效益，工人们的收入也明显增加。

需求不断增加，印染分厂继续改进机器设备，为提供圆网印花宽幅制品，还从日本引进链式180型高速丝光机一台，新增印花能力600万米。

1985—1988年，印染分厂为了提高自身的产品质量，重新投入资金进行技术改造。淘汰一些过去的老旧设备，从国外引进先进的设备和技术，有高速平幅前处理设备，联邦德国孟泽尔（退、煮、漂）平幅连续炼漂机180型和联邦德国奥沙夫双喷射式气体烧毛机180型各一台以及联邦德国特恩HT510型三管高温高压溢流染色机，还有意大利斯柏罗托连续蒸呢机组等设备。这些设备的引进，使印染产品的质量有了质的飞越，改变了印染产品色布多、花布少，窄幅多、宽幅少，衣着用布多、装饰用布少的现象，印染布料出现了很多花色品种，幅度宽，让消费者选择的范围更大。

1989年，川棉印染分厂的印染能力达1.15亿米，是成都市印染行业中产量最大、品种最多、设备最先进的企业。

随着改革开放的深入，1992年，印染分厂引进外资，组建了中外合资企业，更名为鑫兴印染。鑫兴印染公司由九星纺织集团控股，共有职工七百多人，产品比较畅销，但是随着国内外市场消费的变化和人们对美的追求不断提升，印染厂的产品由于竞争乏力，销量下降，企业开始亏损。

到2000年，鑫兴印染公司负债高达14388万元，资产负债率达233%。21世纪初成都市出台了"东调"政策，公司决定实施易地搬迁改造。

2002年底，鑫兴印染公司跟随四川第一纺织股份有限公司迁至金堂县淮口镇成都金堂纺织印染工业集中发展区。2003年4月，鑫兴印染公司与青白江区政府签订搬迁改造项目协议，征地65亩

▲ 20世纪90年代的时装　来源：百年成都展

修建新厂，2004年3月竣工，当年完成全部搬迁任务，组建四川川川印染有限公司。2005年转制为民营企业后又投资建成厂房2万多平方米，拥有三条连续轧染生产线，三条圆网印花线以及磨毛、轧光、预缩等设备，生产能力达到每月450万米。其中染色250万米，印花200万米。产品远销欧、美、非洲及日、韩等国家和地区。

搬迁过后的成都印染分厂，重新焕发出勃勃生机，恢复了当初的活力，成为印染界的翘楚。

曾鸣和他的同事们，好多已经退休，居住在原厂区附近的居民楼盘，他们常常聚在一起，回忆自己的青春风华和印染厂当年的峥嵘岁月。

杉板桥的药业时光

　　吃、穿、住、行、医，是人类生存的基本物质条件。俗话说，"吃五谷，生百病"，在人类进化中，疾病始终伴随着人类。中医药在我国源远流长，代代相传。及至近代，西医、西药引入古老东方大国，与中医药一道成为国人治病、防病的主流。然而，到了近代，国民健康、医疗、公共卫生和防疫水平仍然十分低下，"东亚病夫"的帽子，让我们这个民族蒙受了巨大耻辱。

　　四川曾经是个缺医少药、医疗落后的人口大省。1949年，中华人民共和国成立，从此翻开了新的历史篇章。20世纪50年代末期，东郊工业建设如火如荼，杉板桥那片荒野坟包之地，四川抗菌素厂（四川制药厂）在"大跃进"嘹亮的号角声中落户在这里并发展成四川药业的龙头老大。在杉板桥这条路上，先后有四川抗菌素研究所、成都中药厂、成都制药三厂落户，这里被人称为"药业一条街"。在军工、电力企业林立的东郊跳蹬河辖区，可谓别有风景。这些厂、所成为成都药业的"高地"，彻底改写了成都缺医少药、不能研发新药品的历史。如果说，军工企业为国防铸造了"剑与盾"，电力企业点亮了"万家灯火"，那么，杉板桥的药业则为国人的生命护航，为国人的健康保驾，功不可没。那段时光，依然让人怀念。

"半岛"上的创业史

　　秋高气爽的时节，我和四川制药厂保卫处处长马道荣、设备处处长李允文两位同志来到杉板桥沙河城市公园边，看着缓缓流淌的沙河，听他们给我讲述川药厂的前世今生。四川制药厂的前身是四川抗菌素厂，原址就在沙河城市公园这个美丽的河湾半岛上。

　　中华人民共和国成立后，百废待兴，百业待兴。党和政府十分重视发展医药工业，人民政府把发展医药卫生事业，保护人民健康，列为一项重要任务。四川医药卫生事业迅速发展，成都化学药品生产随之逐步发展。

▲ 四川制药厂大楼　跳蹬河街道办供图

1957年，国家化工部决定在四川新建一个抗菌素厂。之前，抗菌素生产厂家大多在华北和东北，四川完全没有。1958年4月，在"大跃进"的号角中，四川抗菌素厂筹备处正式成立。规划中的四川抗菌素厂是中华人民共和国成立后建立最早的大型企业之一，也是全国三十八个重点医药工业企业之一。筹备组成立后，随即开展工作，首先就是选择建厂的地址。

在中华人民共和国成立十周年前夕，一片荒野的成都东郊，早就被国家部委定位为工业企业的发展区域，在此之前已经规划落户了很多大型的企业，涵盖军工、电子、电力、铁路、纺织、建材、物质储运等行业。各工业企业发展蓬蓬勃勃，于是，筹建组就把四川抗菌素厂的厂址选择在成都市东郊杉板桥沙河右岸，因为抗菌素生产需要大量的水，所以选在沙河这个河湾处。厂址为杉板桥路20号。

今天，这里早就成了沙河城市公园的一部分。沙河从城北方向流来，过了二环路麻石桥以后，就在这里形成一个C字形的河湾，四川制药厂就在这个三面环水的"半岛"上，就是现在看来，也是得天独厚、占尽地利的好位置。沙河水缓缓流动，各种高大的乔木、低矮的灌木和花草相互辉映，花红柳绿点缀其间相映成趣。如今，公园里健康绿道一直延伸到远方，市民们在此游玩，老人在此休闲晒太阳，儿童们在这里嬉戏游玩，安乐祥和。此情此景，让人很难把当年制药厂那火热的工作场面跟这里联系起来，曾经弥漫在空气中的药味早已消散在历史的长河里。制药厂的旧址上，一个高档楼盘——保利·康桥傲立在宽阔的杉板桥路旁，展现出一派宏伟壮观的城市新景。

2019年，七十八岁的原制药厂设备处老处长李允文的记忆闸门慢慢打开，缓缓再现半个世纪前四川制药厂的辉煌历程。

1958年4月，四川抗菌素厂筹备组选择了这个地方建厂。那时这里还是一片荒地坟包，完全是上无片瓦遮风雨、下无立锥安座椅之地。筹备组领导就带领厂里的干部职工们用锄头、镰刀等最简陋的劳动工具，割野草、挖地、平整场地，用毛竹、芦席和油毛毡搭建工棚、建车间。大家一干就停不下来，还搭了机修场地、五金仓库。试验台是干部职工们亲手打磨平整的普通水泥板，笨重设备也是干部职工们自己动手搬运。安装设备时遇到缺少小零件小配件，大家就提着菜篮子到五金商店买，完全是土法上马，自力更生。

1959年12月，经过一年多的艰苦创业，抗菌素厂的土霉素车间正式建成投产，第二年就生产土霉素459公斤，填补了西南地区无抗生素产品的空白。然而，"大跃进"开始了，筹备处的基建工作排不上号，建设所用的砖瓦水泥等材料根本没有计划指标，很难按照既定的规划设计进行，基建处于停工待料的状态。

1960年，国家化工部决定保存力量留点待建，厂里根据当时的政策，贯彻"调整、巩固、充实、提高"的八字方针，自力更生，土洋结合，靠着两条腿走路，企业自己制造设备，进行小规模生产。制药厂各种设施设备欠缺，只能保持火种不熄的基本状况。厂区还没有建设完，基建就已经下马了。

厂里职工们还是继续维持小规模生产，否则就没有工资。李允文告诉我，在吃饭都困难的情况下，厂里人想到，把制药剩下的废料交给一个养牛场，这些废料也是粮食做的，提取了药物的精华后，还可以喂养牲畜。就这样，在那几年困难时期，药厂的干部职工还时不时可以分到一点牛肉，那可是非常宝贵、稀罕的东西了。

就是这样火种不熄的生产，为以后的规模化生产积蓄了力量，锻炼了队伍。在这期间，厂里的人员根据有限的力量和设备搞生产，药厂的取水渠，就是在这一时段建成的。

药厂的干部职工们，分成很多个班组，用锄头、箩筐、扁担等，挖土的挖土，担泥巴的担泥巴，硬生生地在平地上挖掘出来一条四百多米长、十几米宽、四五米深的U形的小河渠。

从沙河的主河道专门修建一条引水渠道，水从取水口进来，在厂区里绕一个急弯，到药厂泵房而止。渠道的主要功能是储备水源、沉降调动，除去漂浮物，产生出相对净化的河水，通过水泵房进入生产系统，将沙河水打入生产车间冷却设备后，最后再排回沙河。

▲ 四川制药厂当年的取水渠口　冯荣光摄

药厂每年用水量很大，有大小型各种水泵二十三台，从沙河引水渠里提取生产生活用水。每年洪涝季节，沙河会有大量的泥沙进入取水渠，为防止两岸泥沙流入水渠内，厂里还专门组织打沙船，将沙河里沉淀的泥沙打捞上岸，保证有比较好的水质。20世纪70、80、90年代，药厂对这个取水渠进行过多次修缮和改造，把两岸扩宽，并用条石砌成堡坎，河道两边修筑围墙，保持水质清洁。同时为防止外人进入厂区，确保人身安全，修建进出水闸门、提水泵房、围墙等，扩建后整个河长约四百米、宽约十六米。从条石垒砌得整整齐齐的河岸可以看出，大家是多么认真负责，没有挖掘机，没有起重机，完全靠人工一锄头一锄头地挖掘，一箩筐一箩筐肩挑背磨地搬运。这段河堤，犹如当年药厂建设的纪念碑，每一块砖石，都是一双双劳动的手和一张张淌着热汗的笑脸，那种忘我的精神，至今仍让我感动。

药厂搬迁后，现在那道沙河引水渠已经被填埋了一半，在临近沙河处还留存一半，在保利·康桥小区的围墙外面，有一些人还在浅水里钓鱼，嬉戏乘凉。

20世纪60年代初期，国际国内形势变化多端，于是从1964年起开始了长达二十多年的"三线建设"。

三线建设是中国经济史上又一次大规模的工业迁移，其规模可与抗战时期的沿海工业内迁相提并论。由于建设地点都太过偏僻，这种建设方式给后来的企业经营发展造成了严重的浪费和不便，但是三线建设也成为中国中西部地区工业化的重要助推器。

根据成华区政协内部资料《激情岁月——成都东郊工业史话》记载，当年为了填补四川省抗菌素领域内的空白，国家决定将上海医药工业研究院抗菌素室的部分科研人员和设备内迁至成都，成立四川抗菌素研究所。

马道荣老师傅已经六十八岁，是1969年进厂的，是厂里招的第一批上山下乡知识青年。他说当时进厂都要"政审"，要求相当严格，不光是查本人自己的劳动工作表现和历来的操行，还得查三代的成分和直系亲属的情况，如果其中有一个人政治上有污点，就绝对不会招进制药厂里工作。

马师傅在厂里一干就是一辈子，直到退休，他对厂子充满了感情，说起过去的事情，如数家珍。马师傅对我说：1965年从上海制药三厂来了五十多人；1966年，从石家庄华北制药厂，又调来了一百五十多人，部队转业又来了三百多人，战士们政治合格、身体素质过关。这些人，后来都成为四川制药厂里的骨干。

在建设基础设备的时候，同时进行高空管道架设施工，远处看去，整个现场就是一个立体施工的建筑工地，天上地下齐上阵，一派火热的劳动场面。在进入管道安装阶段时，整个车间分成几个安装组，一个组负责动力设备，一个组负责提炼设备，一个组负责发酵设备。大家互相配合、互相帮助，热火朝天地劳动着，一个目的就是要尽快建设好生产车间和厂房。

到发酵组参加安装的大多是一些刚参加工作不久的工人和刚分配来的大学生。由于施工场地太小，管子的切割和套丝都在露天进行，夏天，成都骄阳似火，大家都在露天干活，女同志头上戴个草帽，男同志嫌麻烦，直接暴晒在烈日下，没有多久，个个都晒成了"非洲黑"。

就这样拼命地干，大约用了一个月时间，就完成了两台空压机、四个贮罐、两台板框、无盐水设备、二十二台大小发酵罐以及一套空气前处理系统的安装任务，并接通了车间内的公用系统总管道和自来水、蒸汽至车间的总管道，完成了设备、管道的保温及油漆工程。通过大家的努力，只用四个月的时间就基本建成了各类实验室、车间，在10月1日前完成了上级下达的任务，并可以开始生产。

形成生产规模后，四川抗菌素厂筹备处正式命名为四川抗菌素厂。1966年，工厂更名为四川制药厂。

不久，四川制药厂分别新建了五十吨发酵规模的四环素车间和青霉素车间。李允文告诉我，当年的川药厂（既四川制药厂，下同）相当兴旺，厂里专门有人在外面调拨收购制药的粮食原料。有一个队在山东驻着采购花生，一个队在河南驻着采购玉米，一个队在福建驻着收购鱼骨粉。收购来的粮食等原料，都是通过国家专门调拨的火车运输到成都，到了成都火车东站（当时的货运站），又从东站走东郊铁路专线到达川药厂。最多的时候，每周都有一列专列的玉米运到川药厂。

1969年，川药厂新建了庆大霉素车间，是国内最早生产庆大霉素的厂家。又利用生产庆大霉素的废液生产维生素B_{12}成功，这是全国第一个生产该产品的厂家。

李允文告诉我，制药的工艺很复杂、很精细。以最基本的青霉素为例，青霉素的基础原料是粮食，鱼骨粉、花生油等，把菌种一点点地培养起来，要过二十几道关口。所有的温度、湿度、空气等都有严格的规定，菌种从几百培养到二万三万以后，才放到大罐里继续培养操作，这些操作都是环环相扣的，是整体链作业，任何一个地方都不能出问题，一个节点出问题就全部废弃。青霉素从培养菌种到成药，有一百六十多道工序，最后才能成为青霉素药品。

川药厂之后又生产出头孢、阿莫西林、6APA、7-ADCA等，技术含量更高，技术也在不断完善和提高。

后来川药厂研制成功利福平1型晶体。1973年川药厂荣获四川省"大庆式企业"称号。

在采访中，李允文告诉我，四川制药厂在"文化大革命"期间，同样受到冲击，但是仍正常生产，从来没有停产闹革命。

李允文说："工厂也不敢停产啊，只要机器一停，就是好几十万元甚至是上百万元的损失，谁也负不起这个责任。制药厂的机器不能停，制药厂的人员上班安排从来都是一环扣一环，就是因为不能停产，厂里从热电厂接过来的电线线缆有五条之多，全部都是从地下管道走过来的。一条坏了，立即启动下一条，不可能几条线路同时出现问题的。唯一的一次停电十分钟，就损失了八百万元，这是个多么大的损失啊。厂里每年大检修一次，也是分区检修，按照厂里的生产规律来分别进行。"

正因为如此，川药厂干部职工养成了相当严格的上下班纪律和制度，有一整套的科学管理的办法。

改革开放过后，川药厂进行技术革新，对青霉素车间进行技术改造，将玉米粉酶解糖化液用于青霉素发酵，该项目获四川省科技成果和成都市政府技术开发奖。

1980年，四川制药厂被四川省列为第一批扩权试点单位，推行以承包为中心的各种经济责任制，取得了良好的经济效益。之后川药厂获得了很多荣誉称号，是成都市的纳税大户。

李允文告诉我，过去工艺落后且简单，搅药料都是手工拿木棍搅拌，这个工作要两三百人来做。后来技术先进了，使用计算机管理，到后来更先进的电脑程控操作，只要几个人，就可以操作很多台机器搅拌了，并且效果还要好很多。

正因为川药厂取得了辉煌的成绩，在成都甚至全省，都是让人仰望的单位。成为川药厂的职工，是非常自豪的事情。马道荣告诉我，川药厂的员工主要是学校分配、部队转业和对外招工来的，记得有一年川药厂要对外招工，来报名的人从厂里大门口一直排队到了沙河边。

马师傅回忆，在1993年，厂里曾经发生过一次火灾。车间里的职工结婚，其他人去参加婚礼吃喜糖，岗位上只有一个人，当时也慌着下班，在高速离心机上，采取了急刹车。高速离心机每分钟要转三千多转，急刹车会产生火星，厂里的原料都是易燃易爆物品，火星很容易引发明火。当时外面在修大道，路很烂，大火烧起来后，成都市的消防车来了十几台，费了很大的工夫才进来。好在火势没有扩大，很快就灭了。那个时候车间的青霉素是五公斤一罐用大玻璃罐装的，被烧烫以后，水一浇上去瓶子就裂开了，药粉也全部坏掉，损失三十多万元。

川药厂的发酵车间要求更严格，进车间以前，必须洗澡换衣服，因为那里面完全是无菌操作。工人只要一进入车间，就感觉自己很神圣，这是在为国家、为人民的健康做事。

马道荣师傅为自己是一个川药厂的职工自豪了一辈子。他后来又当了几年兵。回来后，有很多好单位让他选，包括政府机关，但他还是选择回川药厂。当时厂里有医院、幼儿园、技校，还有医药局办的电大。职工宿舍也比较好，一共四个宿舍区、二十一栋楼。职工工资高奖金福利好，曾经给职工发过沙发。当时厂里洗澡方便，有专门的洗澡堂，都是热电厂管道送过来的蒸汽，在打霜下雪的寒冷冬季，能够美美地洗一个热水澡，是多么幸福的事情啊！热电厂的余热过来，职工还可以蒸饭。饭都是自己带来的，在蒸汽炉上蒸好了就吃。

正是因为有这么好的福利，所有的人都更积极努力地工作。川药厂发展也快，得到很多奖励。自1980年以来，有八个产品相继获得国家、部、省、市优质产品称号。川药厂严格按照GMP组织生产，制定了高于国家药典标准的内控标准，产品质量优良。利福平原料药在全国同行业评比中三次蝉联第一名，并连续三次获国家优质产品金质奖。盐酸四环素、利福平胶囊、硫酸庆大霉素为国家医药管理局优质产品，其余原料药全为四川省优质产品。川药厂产品注册商标为"川药牌"，"川药牌"产品不仅供应国内市场，还远销西欧、北美及东南亚国家和我国港澳地区，是成都的纳税大户。前国家领导人李瑞环和余秋里等都来过川药厂视察。

马师傅在川药厂入团入党，在川药厂提干，把自己的一生都贡献给了川药厂。他从一个普通工人做起，做到车间书记，还在省委党校读书进修。开始他一直住川药厂集体宿舍，直到后来厂里分给他单元房子。川药厂在沙河畔的辉煌，永远留在川药厂创业者的心中。

2000年后，随着成都"东调"的推进，东郊工矿企业要"腾笼换鸟"进行重新规划和布局，杉板桥一带要规划为宜人宜居宜商的新的城市商住之地，轰轰烈烈了半个多世纪的东郊工业，也进行了大规模的转型和土地置换。

2002年，四川制药厂的老厂区规划为住宅用地，2003年，川药股份纳入第三批搬迁企业名单。2006年，川药厂整体迁至彭州市省级工业开发区。

现在，我们看到的是美丽的沙河城市公园和屹立在沙河岸边那一栋栋高耸的楼房。保利·康桥就是在过去川药厂的旧址上新建的楼盘。居住在此地的人们，还记得当年的四川制药厂吗？

▲ 四川制药厂原址已是环境幽雅的住宅小区　冯荣光摄

抗菌素的半壁江山

　　跳蹬河街道杉板桥沙河边，可以说是东郊医药一条街，这里有好几个医药制药企业，除了规模最大的四川制药厂外，在它的旁边，还有一个赫赫有名的科研单位，那就是四川抗菌素工业研究所，简称"川抗所"。这个单位跟四川制药厂有着密切的关系。

▲ 四川抗菌素工业研究所　跳蹬河街办供图

　　抗生素类药物广泛地应用于各种感染性疾病，品种繁多。在抗生素批量生产以前，细菌感染致死率很高，从1940年提纯出了青霉素以后，到现在人类已经研制出了上千种抗生素药物。

　　抗生素对人们的健康非常重要，国家计划一定要有我们自己的抗菌素厂来生产药物。当时，地处西南的四川，还没有一家抗生素生产厂，国家决定从上海医药工业研究院抗菌素室抽调技术人才，支援四川抗菌素药业的发展。

　　1964年，全国开始了大规模的"三线建设"，这个时候，四川建立抗菌素研究所的议题再次被提起，并决定将上海医药工业研究院抗菌素室的部分科研人员和设备内迁至成都。这次内迁，总共有一百四十多名科研人员和他们的家属随迁。在上海那样的工业大都市，各种条件都比四川好很多，但是这些科研人员一心为国家着想，听到动员安排以后，都自觉自愿来到当时还比较落后的成都，并动员家属一起来四川扎根。

　　从1965年5月开始，上海医药工业研究院抗菌素室的所有内迁人员，分成四个批次相继从上海迁移到成都。他们拖家带口，坐了几十个小时的火车，才终于抵达成都。当时成都经济欠发达，城市面貌差，交通落后，道路狭窄，他们举目无亲，水土不服，饮食气候等都不习惯。前期已经建了几年的四川抗菌素厂（后更名四川制药厂）的职工们，向他们伸出了热情的双手。

　　川药厂的职工腾出住房，安置来自上海的专家。川药厂食堂为上海过来的人员提供适合口味的饭菜，实验大楼也给上海来的职工使用。

　　生产方面，川药厂把车间也借给上海来的专家们。但是车间面积很小，川药厂自己的车间本来就不够。所以，来自上海的干部职工还得自己动手，用毛竹、油毛毡、芦席搭建厂房，把车间扩大。同时

▲ 四川抗菌素工业研究所科研大楼奠基　跳蹬河街办供图

搭建机修场地和一个四百多平方米的五金仓库。完全自力更生，白手起家。

　　专家们迅速投入专业工作，先借川药厂一座简陋的实验大楼做实验。晚上，大家又扎进厂里的图书馆，查阅有关的文献资料。1965年8月初，从上海运到成都的设备到达成都，所里又组织人员，从火车东站把设备运到施工现场。搬运的重活都由男同志承担，箩筐扁担肩挑背扛，肩膀压得又红又肿，个个都挥汗如雨，大家累得筋疲力尽。但是他们没有一句怨言，都想尽快地把设备安装到位，尽快投入到研究制造药品的工作中去。

　　设备到了，大家又马上开始制作设备基础和车间内工艺管道管架的工作。制作设备基础，先要根据设计图纸，在水泥地面上标出位置和尺寸，用大榔头砸开十多厘米厚的水泥地面，用铁锹和锄头挖到一定深度后，再用混凝土浇筑成型。很多科技人员都是高级知识分子，要砸开十多厘米厚的水泥地面，难度很大。他们过去从来没下过这样的蛮力。但是为了早日生产，他们还是一锤一锤地挥臂砸着。大家手臂都肿了，双手磨出了好多血泡。一个多星期后，他们砸出了三十多个设备基础坑。用混凝土浇筑基础的劳动量也很大，女同志主动担负抬水泥、挑石子、挑沙、浇水的任务。还有女同志咬着牙和男同志一起用铁铲一遍遍地翻来覆去搅拌混凝土。大约花了两个星期时间，才完成了三十多台设备基础的施工任务。

我采访了第一批从上海抗研所来的工程师方治颖的女儿，六十岁的方雪萍大姐。方大姐气质优雅，谈吐不俗。她告诉我，父亲第一批来到成都以后，她和妈妈以及两个姐姐还在上海，跟爷爷、奶奶一起生活，过了两年才从上海内迁过来。来到成都后，发现东郊一片荒芜，没有高房子，没有宽马路，满眼都是农田。方大姐和妈妈、姐姐早已习惯了大上海的都市生活，突然来到成都这荒疏之地的东郊，很久适应不过来。她们姐妹上学要走非常窄的田坎路，路面是泥巴，两边是水田，一不小心就会掉到水里。晚上天一黑，没有明亮的路灯，没有车水马龙。她妈妈在家里做饭，不会烧蜂窝煤，很多次都想返回上海。其他内迁人员家庭情况基本相似。但是方大姐的爸爸和上海来的工程师们是所里的技术骨干，他们一腔热血要报效国家，所以，生活上的困难，大家只有自己克服。这一克服就是一辈子，他乡成了故乡。

建设期间，所里面的孩子们也参加力所能及的劳动。抗菌素工业研究所不能停电，所里要从成都热电厂接专门的电缆线过来，电缆线很长，中间不能有接头。热电厂在沙河的左岸，川抗所在右岸，电缆必须过河。那个时候没有什么工程机械，全靠人工。全所干部职工包括家属，都去参加拉电缆的劳动。方大姐告诉我，他们所的孩子们都参加了这个劳动，电缆线不但长，还非常非常重。

▲ "大跃进"时代的宣传画 来源：东郊记忆

方大姐说，那时的沙河经过第一次整治后，两岸的法国梧桐长势喜人，沙河流水潺潺，空气清新。人们紧张地劳动，一些人在对岸往送电缆线，很多人在这边拉，孩子们也在后面跟着拉电缆。河的两岸站满了人，人们分成了两个班组，一个班组拉的时候，另外一个班组的人就在旁边喊号子："抓革命嘛嚯嘿，促生产嘛拉线""一二三送过去，四五六拉过来"。所有人的热情都很高，喊号子的声音也非常响亮。孩子们更是高兴异常，满河岸跑。电缆线一米一米地拉过来，一米一米地接到所里，人们的希望也在一点一点地增加。那些年，建设者们就是这样靠自己的双手建立起了川抗所。这些场景让方大姐现在都记忆犹新，恍如昨日。

基础设施建设好了，川抗所的科研人员就认真开展研究工作。

但到后来，条件不能满足科研需要。1967年，国家化工部下达了实验楼、中试车间、综合楼和化学合成楼的基建计划。按照计划，川抗所按照高层的部署，征用川药厂西侧的土地十五亩。终于，总投资不到一百万的新科研楼竣工，新宿舍楼也于1970年建成。

川抗所的科研人员为祖国为人民做出了很大的贡献。自1965年到1979年的十五年中，所里通过技术鉴定的科技成果共有十六项。庆大霉素、卡那霉素、卷曲霉素、巴龙霉素、多粘菌素、麦迪霉素、利福平、灵芝深层培养、农用抗生素、多效霉素等微生物合成抗生素，利福平、强力霉素等半合成抗生素以及辅酶A提取新工艺及新型空气过滤介质，利福霉素SV针剂等科技成果都通过鉴定并先后批量生产。四川的抗菌素种类和产量均居全国第一。几十年来，先后研发的八十多个医药项目达到国内先进水平，获得国家级科技成果类奖项六十多项，川抗所一直是四川省先进科研院所。

从上海来的科研人员撑起了川抗所的一片天空，他们融入大西南的成都，在这里安家立业。方大姐和她的姐姐还有妈妈，慢慢地习惯了这里的生活。她跟本地孩子一起上学读书，后来又一起下乡，在今天的雅安市天全县当了四年的知青。后来她考上技工学校，回到成都读书，也成为川抗所的一名正式职工。她把自己的青春和热血都贡献给了抗菌素事业。他们是川抗所的第二代，像父辈一样，继续为祖国的医药事业做出贡献。

川抗所原工会主席陈荣诚告诉我："简单来说，川抗所的工作就是找药物的种子，就像农民种庄稼需要种子一样，什么样的种子结什么样的果子，川抗所研究的是药物的种子，要针对治疗什么疾病，川抗所就去选育研究什么样的种子。"

川抗所的科研人员为了选种，在全国各地到处奔忙，到高海拔的雪域高原西藏，到戈壁大漠的新疆，到热带风情的海南等地，选取不同地理环境不同气候状况的种子进行培育和解析，最后研制出对人类有用处的药物种子来。

他们还做过很多看起来像小事情，但对许多城市居民来说伤脑筋的事。过去成都市酱园厂做的酱油，放不多久就要生花霉变，是川抗所的科研人员帮助他们解决了技术问题，控制了发霉的菌种。

青霉素的发现及应用，是对人类的一大积极贡献，但是早年我们国家的技术十分落后，青霉素提取水平不高，产量一直很低。20世纪80年代初期，川抗所青霉素菌种选育专家俞敦年曾两次通过筛选获得青霉素高产菌株，并与同事们一道进行发酵工艺研究，一举打破了我国青霉素发酵单位十年徘徊不前的局面，创造了国内历史最高水平。

研究员张之荫、孙壁如和他们的团队，进行了长达八年的辛苦努力，成功研究出我国自行生产的环孢素。

环孢素是器官移植后抑制排异的药物。但是环孢素生产技术难度大，生产成本高，过去只能靠进口，费用相当昂贵，给患者造成沉重的经济负担。川抗所的科研人员不畏艰苦，勇于实践，用心血和汗水，经过三千多个日日夜夜，终于研究出环孢素，这项科研成果获得成功，无疑给广大患者带来了福音。

写到这里我已经很感动了，感谢这些科技人员的辛苦付出。几年前，我的一个同事得了肝脏上的病，后来做了肝移植手术，手术后一直在吃排异药。我是一个医盲，如果不写这篇文章，不接触这些资料，我根本就不知道，他吃的药，就是川抗所科研人员研发出来的。我的这位同事现在生活得很好，照常上班，我感谢科研人员的努力，为我的同事身体健康而感到高兴。

21世纪初，川抗所共有九个专业研究室，创办了《中国抗生素》杂志。有微生物与生化药学、生物化工、药物化学、药理学四个硕士学位点，是我国在西南地区定点生产各类抗生素原料药以及制剂药品的大型企业，是西南地区最大的抗生素制造厂。

2000年，川抗所转制为企业，并整体进入中国医药集团。2004年，川抗所进行重组改制，组建四川抗菌素工业研究所有限公司。在成都市提出"东调"政策以后，川抗所积极响应号召，以"东调"为契机，发展和扩大川抗所。川抗所领导班子根据上级的统一部署，最后决定把川抗所搬迁到龙潭都市工业集中发展区。他们是成华区第八批搬迁的厂所，征地四十亩，新建医药研发基地。

完成整体搬迁后的川抗所进一步整合资源，调整科研和产业结构，完善现代企业制度，建立了以川抗所为总部的科工贸一体化经营管理体系。2011年，经国务院学位委员会批准，川抗所成为药学一级学科硕士学位授权点。当年4月，川抗所被批准为博士后创新实践基地。

两年后，川抗所全部国有产权无偿划转给成都大学，自此，川抗所正式成为成都大学的一部分。

川抗所辉煌的历史，将在新的工业园区续写新的篇章。岁月悠悠，在这块土地上，人们将继续踏着前辈们的脚印，继续前进，继续奋斗！

悬壶济世说国药

2019年初冬，成都难得的一个艳阳天。我在跳蹬河街道锦绣社区的小花园里，见到了七十一岁的刘碧清大姐。采访她的目的是要了解成都中药厂的故事。

刘大姐是成都中药厂的职工，精神很好，快人快语，说起她的工作和经历，滔滔不绝。

20世纪后半叶，在沙河边的杉板桥四川制药厂的旁边，有一个成都中药厂，也是比较有名的药业企业。

民国时期，成都有多家私人中医诊堂。1949年以后，成都市政府对很多旧时留下的行业进行了改造合并，其中就有中医中药一项。1965年5月，政府把当时成都很有名气的成都同仁堂、庚鼎药房、精一堂三家药房合并为公私合营成都市中药材公司成品批发部，有二百多名职工。到1966年底，这个中药材公司成品批发部更名为"成都市工农兵制药厂"，隶属成都市中药材公司。

除了合并同仁堂、庚鼎、精一堂三家药房外，政府又将成都市内大大小小三十四家公私合营的中药房和中成药生产作坊合并，将主要技术人员、经验丰富的老药工、各家的秘方以及名牌产品都集中在一起，实力比较强大。到1972年，成都中药材站所办的红星制药厂合并到成都市工农兵制药厂。1981年，成都市中药材公司中药研究所又合并入厂，第二年，这个厂更名为四川成都中药厂。厂区也由成都城内迁移到了成都东郊沙河边的杉板桥路，与四川制药厂为邻。随着企业的发展，1985年，经上级批准，四川成都中药厂升格为县团级单位，厂名又改为成都中药厂，隶属成都市医药管理局。

▲ 中药材　傅厚蓉摄

刘碧清大姐老家在资中农村，她的父母比较开明，让她读了书。后来她嫁到了成都东郊圣灯公社跳蹬大队三队，丈夫是老实巴交的农民，家庭条件并不好。但是毕竟是嫁到了成都，这里地势平坦，田地成块，比她的老家强了很多。她在这里结婚、相夫教子、孝敬公婆，过得相当满足。如果没有成都中药厂搬迁过来，她也许就当一辈子农民了。

成都中药厂升格以后，市内水津街的地盘就不够用了，于是规划搬迁到东郊发展，选中了刘大姐所在的圣灯公社几个生产队的地盘。于是，这几个队的村民，就成了拆迁失地的农民。按照当时的规定，符合条件的人可进入工厂当工人，刘大姐就被安排到了成都中药厂，当了一名包装工人。

从农民到工人，这个巨大的转变让刘大姐非常欣喜，所以她一到单位，就非常认真负责地工作。那时候，厂里的"足光粉"是非常畅销的产品，每天的工作量很大，要加班加点。

刘大姐告诉我，成都中药厂是全国重点中成药厂和成都市重点企业之一。1965年合并建厂时，厂房是利用原中药材行旧房维修改建而成，只有一幢新修的一楼一底砖木结构房子。所有的制药机械设备中，只有少量自制的泛丸机和粉碎机，切片用的是手铡刀，炒药熬膏用的是大铁锅，干燥为炕台直火烘药，碾粉等工序靠的是石磨、水碾，大部分操作工序靠手工，总的固定资产仅有五万元左右。产品全是各药房的中成药产品，剂型也是传统的膏、丹、丸、散。1972年，红星制药厂合并到成都市工农兵制药厂后，成立了新产品试制小组和新产品车间，很快完成了"玉泉丸""金龙胆草片"等新产品的研制。

1990年，中药厂搬迁到东郊杉板桥，厂里生产有了很大的改进，产品剂型也增加了许多，有水丸、蜜丸、冲剂、膏剂、丸剂、散剂、片剂、颗粒剂、胶囊剂、口服液、酒剂、煎膏剂、锭剂、糖浆剂、滴鼻剂、肾衰康灌肠液等六十六个品种。主要产品有足光粉、喉炎丸、玉泉丸、犀黄丸、小金丹、贞芪扶正口服液、止血镇痛胶囊、天麻钩藤冲剂、金龙胆草片、银翘解毒丸、渴龙奔江丹、天麻王浆、苍夷滴鼻油、固齿丸、健儿散等。

1981年，足光粉获首届《健康报》中成药健康杯银杯奖和中国中医药文化博览会神农杯奖。

1979年，玉泉丸获四川省优质产品奖，次年获国家医药管理局优质产品奖；1981年获国家银质奖、首届《健康报》中成药健康杯金杯奖。

1979年，喉炎丸获省优质产品奖，1983年获国家医药管理局优质产品奖，1985年获国家银质奖。

1981年，金龙胆草片获全国医药卫生大会成果奖和省优质产品称号。

1987年，犀黄丸、健儿散获成都市优质产品奖。

1987年，苍夷滴鼻油获成都市科技成果三等奖。

"成都中药厂出产的药品，造福了很多人。我还很小的时候，妈妈得了很严重的病，后来就是吃中药吃好的。曾听见父亲对母亲说：这些都是我专门托人从成都带回来的中药，你吃了身体肯定会好起来的。我不知道是些什么药，但是看到母亲满眼都是希望地吞下那一颗颗黑乎乎的丸子，我也对这些药充满了好感。果然，在我母亲吃下那些药后，病就慢慢好了，我很感激这药厂生产的药品！"刘大姐说起她工作过的中药厂，心里总是满满的不舍和深深的怀念。

到20世纪末，成都中药厂被湖南九芝堂股份有限公司绝对控股，成立成都九芝堂金鼎药业有限公司，成都中药厂的名字也消失了。21世纪初，成都九芝堂金鼎药业有限公司被确定为成都"东调"企业的第十二批搬迁企业。公司从杉板桥迁往龙泉驿区成都经济技术开发区。原来中药厂的地址，被开发成为"沙河锦庭"楼盘，刘大姐一家也在附近有了一个温馨漂亮的家。

龙头老大"小不点"

在成都二环路东三段与杉板桥路交叉的南口，临近二环高架桥，有一栋楼房，楼房下面有一道很窄的门，旁边有一块写着"成都制药三厂宿舍"牌子。

一个下午，我在这里采访了住在这里的宁素芳大姐，她是成都制药三厂的老职工。

六十七岁的宁大姐，精明能干、快人快语。她从十七岁开始就进了成都制药三厂，对制药三厂的情况非常清楚。我听宁大姐的讲述，才知道这"小不点"药厂，竟是成都市医药行业里的"龙头老大"，这让我很是惊奇。

成都东郊杉板桥路号称"药业一条街"，除了规模最大的四川制药厂，还有一些成都市属的地方小型制药厂，成都制药三厂就是其中之一。别小看这个只有五百多名职工的小型药厂，在20世纪80年代，它的业绩骄人。主要产品蜀蓉牌肝素纳的出口量，就占我国出口总量的六分之一，出口金额居全省医药行业第二位、成都市医药行业第一位。蜀蓉牌肝素纳荣获国家对外经济贸易部"品质优良"证书，还真的要竖大拇指为它点赞。成都制药三厂还是全国医药工业系统三个重点生化制药厂之一，它生产的胃酶、胰酶、康得宁、肝素钙等产品，从1974年起就出口日本、美国、联邦德国、法国、西班牙、瑞典及东南亚一些国家，为国家换回大量外汇。就凭这样的贡献，它稳居成都药业"龙头老大"地位。

成都制药三厂创办于1958年8月，前身是成都市第二商业局所属市食品公司创办的成都东方制药厂。1958年11月，成都东方制药厂与成都先行溶剂厂合并，更名为成都生物试剂厂。1966年1月，成都生物试剂厂移交给中国医药工业公司重庆分公司领导。同年8月，成都生物试剂厂更名为中国医药工业公司成都制药三厂。1979年，成都市医药管理局成立，成都制药三厂就划归成都市医药管理局，此后隶属关系一直没变。

1973年，成都制药三厂的科研人员将成都生物制品研究所设备保存菌苗的技术措施成功地运用到蛋白质、酶类、针剂工艺上，先后研制成功ATP针剂、辅酶A、细胞色素丙、穿琥宁、丁胺卡那霉素冻干剂。过去，这些药物很不容易保存，在使用了生物制品研究所保存菌种的技术以后，就能妥当地保存这些药品，使其在贮存期内质量稳定达标，这为西南地区生化药品冻干粉针剂填补了空白。

1976年，成都制药三厂又研制成功硫酸软膏素A原料，为很多的病患提供了用药。1983年，成都制药三厂利用猪肠黏液提取肝素纳成功，质量达到美国药典20版和英国药典80版规定的质量标准。

1990年，成都制药三厂的主要产品有脑磷脂、胰酶、胆盐、卵磷脂、胆固醇、甲状腺以及化工产品乙醚和兽药金霉素等。成都制药三厂不断努力，加强科研，与四川大学、四川医学院协作，联合研制成功胰岛素，对治疗糖尿病和精神病起到一定作用，并节省了外汇。

生化类制药厂在西南地区就只有成都这一家，所以当年的成都制药三厂在成都地区非常有名气。因为是生物制药，原料几乎都来源于动物，比如猪、兔子、鸽子等。这些都需要专门的车装运，国家就给厂里配备了一辆专门装运原料的冷冻车。改革开放前，冷冻车在成都还是稀罕之物，整个市区就只有这么一辆。那是一辆厢式货车，车厢四棱笔直，乳白色的箱板，干干净净的车身，每天从屠宰场进出，行驶在成都的大街上，比起那些拉煤炭的解放牌货车，感觉就是一个骄傲的公主。车子自带冷冻设备，驾驶员开着车子在路上走，很多人都投来羡慕的目光。驾驶员也是相当令人羡慕的职业。

不仅如此，成都制药三厂的职工还有比其他单位更好的福利待遇。宁大姐告诉我，在生活困难的那些年里，制药三厂的职工能享受到比一般厂家要好很多的福利待遇。厂里经常将制药原料的余料（动物肉制品）分给职工。在计划经济时代，这些计划外稀缺的肉制品，足以让厂里职工的幸福指数大大提升，让外面的居民很是羡慕和眼红。

直到今天，宁大姐在给我讲起这些故事的时候，还充满了自豪感和幸福感，仿佛当年那些火热的场景就在眼前。

1984年7月，成都制药三厂被列为成都市厂长负责制试点企业之一，是成都的企业中比较早实行厂长负责制的单位。1985年，正式实行厂长负责制，并被列入四川省十七家试行工资总额同上缴利税挂钩浮动的企业。

试行厂长负责制后，员工的工资收入也跟自己的工作质量和数量指标挂钩，大家生产积极性空前高涨。1987年，成都制药三厂从意大利引进冷冻真空干燥机、胶囊充填机，又从联邦德国引进水泡眼包装机，对生化原料药车间进行重大技术改造。通过这一系列升级改造，成都制药三厂经批准生产的产品从1980年的三十四个品种规格增加到1990年的九十个品种规格。

成都制药三厂于2000年改为股份有限公司，更名为成都通德药业有限公司。2002年4月，成都通德药业有限公司被列为成华区第二批搬迁改造企业。公司启动搬迁，采取分批搬迁的方式，陆续迁往温江区成都海峡中小企业科技园。2006年完成全部搬迁任务。

从此，成都制药三厂这个名字就在成都药业界消失了，它原来在杉板桥的厂区旧址，已经变成了新的楼盘和沙河城市公园的一部分，人来车往的土地上，又开始了另一场的轮回。

如今，宁大姐和她的一些老同事，还居住在厂里的老宿舍楼里，固守着一份情怀，回味着过去那些故事。

东郊记忆：过去时与现在时

　　"北京798，成都106"，这两座城市的电子工厂，都位于各自城市"东郊"，有着同样的命运，曾经辉煌，也曾经没落。

　　798艺术区是北京原国营798厂电子工业老厂区所在地。798厂是国家"一五"期间苏联援建的156个重点项目之一，2000年资产重组后，厂房闲置。2001年，北京和外地的一些当代艺术家，开始"扎堆"798厂，将原有德国包豪斯建筑风格的厂房稍做装修和装饰，使其一跃而变为北京著名的798艺术区。2003年美国《时代》周刊将其评为全球最有文化标志性的二十二个城市艺术中心之一。798的成功，引申出一种文化概念，形成具有国际化色彩的"SOHO式艺术聚落"和"LOFT生活方式"。

　　106即原成都红光电子管厂，和北京798厂一样是国家"一五"期间苏联援建的156个重点项目之一。2000年以后，工厂经营艰难，最终宣布破产。2009年，成都市政府决定将106厂区作为东郊工业文明遗址保留下来，并与文化创意产业结合，打造为"成都东区音乐公园"。2011年9月29日，成都东区音乐公园正式开园，游人如织。2012年11月1日，东区音乐公园提档升级更名为"东郊记忆·成都国际时尚产业园"，凸显传承东郊工业文明主题。它以音乐为核心，集文旅、展演、数字娱乐和产业配套为一体，时尚、前卫、新潮，被喻为"中国的伦敦西区"，与北京798艺术区相对而立，南北呼应。

106："成都造"的时代荣耀

　　如果时间可以回放，请让我们定格在1958年。那一年，成都东郊一片热火朝天，各工厂、各工地红旗猎猎，大干快上的口号响遏行云。

　　年轻的钱玉趾提着简单的行李、心怀满腔的抱负和热情，从富庶的江苏南部来到远离家乡地处大西南的成都。他的眼里，满是一望无际的农田和一些挖得看不出所以然的工地，他当时还不知道，自己的后半生，将永远与这里联系起来。他是最早支援西部地区建设来到成都的大学生之一。

　　时间转眼即逝，很多年以后，钱玉趾付出青春与热血的地方，有工业发展的立体雕塑，有一段丰富的历史，有活着的记忆，那就是"东郊记忆"。

　　现在很多人都喜欢去那里游玩，看到那些真实的厂房和机器设备，都会回想起过去火红的工业建设。但是你了解这个"东郊记忆"的故事吗？还是让钱玉趾老先生慢慢给我们讲述吧。

　　中华人民共和国成立前，我国的电子工业基础相当薄弱，技术非常落后。共和国成立后，想把这个一穷二白的国家建设好，要从方方面面入手，在电子工业方面，国家也进行统筹规划，合理布局，重点投资。从1953年开始，国家就把四川省成都市选定为全国电子工业建设的重点城市，国家对成都东郊工业的安排，大大改变了我国的工业布局，一大批新兴的电子工业企业都是国家大手笔的安排和部署。

在苏联援建的156 项重点工程中，就安排了四个电子工业项目在成都兴建。其中之一就是成都红光电子管厂。

▲ 红光电子管厂全景　来源：东郊记忆

在规划的红光厂里，有一条叫马槽沟的灌溉水渠从厂区穿过，所以红光电子管厂最早向国家电子部报的临时厂名就叫"马槽沟一号"，它的正式名字叫成都电子管厂，直到1965年才改名为国营红光电子管厂。

红光电子管厂生产的很多产品都是国防建设需要的，所以是保密单位。为保密起见，红光厂对外的工厂代号是773厂，并租用了成都市106信箱的邮政编号。当时这些带有数字的信箱单位，都是国家的保密单位，在通信中不能写具体的厂名以及街道门牌号码。成都人都习惯叫它"106"。

红光厂早期主要从事军工用真空显示器件生产，设计规模为显像管、指示管、示波管、摄像管4大类共11个品种，年产60万只。开始建厂时只有一个维修车间和一个库房，主要生产电视示波管，玻璃部分占95%以上，玻璃系统是红光厂生产系统中极其重要的组成部分。

红光厂建设初期的产能设计为年产14英寸—17英寸黑白显像管50万只，其他示波管、雷达指示管及硫锑光电导摄像管共10万只，是国内第一个大型综合性电子束管专业生产厂，也是我国最大的显像管玻壳生产基地。我国第一只自行研发生产的黑白显像管就诞生在这里。

这个厂是由苏联援建的，苏联专家亚历山大·伊凡诺维奇·基谢辽夫等驻厂负责指导工作，培训技术人员。

原计划引进各类设备、仪器4000多台。1960年7月以后，中苏关系恶化，苏联专家撤走，苏联方面停止供应设备仪器，红光厂实际到货2000多台，只占应到数的一半。在这样的困难情况下，红光厂根据当时的需求改变产品生产方案，自力更生，艰苦奋斗，建立了自己的研究开发基地及生产车间，采用代用设备、小型配套等办法组建三条显像管生产线，核定年产量15万只。

从1958年末红光电子管厂玻璃筹备组成立之日起，红光人自力更生，艰苦奋斗，自行设计、砌筑了烧煤坩埚炉和退火炉。将零件车间废旧的冲床改制成了成型机。没有通煤气时，加热模具和模圈用炭花作燃料。玻璃系统全体职工艰辛努力，顽强拼搏，终于在很短时间内，试制出我国第一只35厘米黑白显像管玻壳。

▲ 红光电子管厂的水塔与管道　冯荣光摄

　　钱玉趾刚到成都的时候，眼前的厂房还是工地，周围还是一大片农田，只有几处简单的新建筑：八号厂房煤气站的雏形，二号玻璃厂房的四根主体立柱，四根水泥电杆支撑的一个变压器，这些简单的建筑在空旷的田野里，显得孤独和苍白。放眼四望，刚刚收割的稻田里还水汪汪的，满载建筑材料的卡车在坑坑洼洼的厂区道路上来来往往。

　　1958年正是"大跃进"年代，那时，每月有两次"大会战""大比武"，白天黑夜连轴转。白天上班，晚上参加政治学习，有时甚至凌晨两点才下班。大会战的夜战，工地上灯火通明，彩旗飘舞，高音喇叭不断地播放着革命歌曲，给大家鼓励打气。哪怕饿着肚子，大家的政治热情仍是那么饱满，工作态度仍是那么认真负责。看着雄伟的厂房一天天建成，终于巍然屹立在东郊大地上时，每个职工都感到很自豪。

1959年建国十周年大庆的时候，工厂党委号召"向国庆献礼"，全体职工积极参加，工程师技术员们更是努力。已经是技术员的钱玉趾负责五吨屏压机的安装调试，罗祖佑负责列拉退火炉的安装。当时退火炉的燃料是一大难题。驻厂的苏联专家提出，设计一个重油燃烧装置，利用高压空气把重油喷成雾状，在燃烧室燃烧产生高热，就能够达到给玻壳退火的效果。罗祖佑他们在苏联专家的指导下，群策群力，发挥聪明才智，奋战一周，终于将设备安装到位，为在短期内生产出合格的显像管玻壳提供了保证。

在修建厂房的时候，正是三年"困难时期"。新厂房修好，管道工程也安装完毕了。厂里要对施工方安装的管道工程进行验收，钱玉趾就是专门负责验收的人员。钱玉趾是技术员，粮食定量每月仅有二十三斤，都没有吃过一顿饱饭，体质下降到了人生中最低点。为了厂里的工作，他要爬到两三层楼高的竹梯上去验收。其中一项就是在管道充气或有水压的状态下，对每一个阀门、接头、焊接处用肥皂水涂抹，看看是不是有泡泡冒出来，用这样的方法来检查是不是漏气、漏水。最难检查的，是铺设在二楼楼板之下的大量管道。新厂房的二楼有居民楼三楼那么高。钱玉趾找到的一架竹梯，有六七米长，有一根支柱中间还开了裂，并且有一处还缺了一根横杠，他就用麻绳绑起来，这个烂梯子搭在管道上摇摇晃晃，且非常陡峭，他每爬一步竹梯就吱吱嘎嘎直响。一般的人都吓傻了，不敢上。为了工作，钱玉趾硬着头皮上。他一手提个肥皂水铁桶，一手扶着竹梯，爬到梯子的顶端，认真地检查。有时甚至要进行360度刷液和观察。检查靠里边的管子更为困难，往往要一手抓紧管道，身体像单杠运动员似的使劲倾斜，才能完成检查。每天做这样的动作，就是在平常都很困难，何况那是在每天吃不饱饭，饿着肚子的情况下啊！每次从破竹梯上下来，钱玉趾都要瘫软在地上歇一会儿，他就是这样咬紧牙关，硬是坚持做完了所有的检查。

由于国家困难，物资缺乏，工厂实行"边建设、边试制、边生产"的方针。钱玉趾是电真空器件专业的大学生，被分配到玻璃车间当技术员，算是隔行了，但是他在老前辈们的感召下，还是跟大家一起认真工作。他所在的玻璃车间，只有简陋的临时工棚，他们要在那里进行显像管玻壳的试制。没有设备，就将冲压金属零件的冲床进行精心改装，制造显像管玻壳的挑料杆的耐火材料做的杆头，经过反复试验才找到合适的尺寸。

而熔融状的玻璃有上千度高温，必须将模具预热到合适的温度，才能保证压制产品合格。用炭火试验，用煤气试验，但预热的效果都不行。最后才找到将熔融玻璃加入模具，将上下模具合拢预热的好方法。退火的工序也很困难，退火炉是土法上马，用耐火砖砌成的，温度不好掌握，温度一高，就会把退火的玻屏烧成柿饼。所以一开火，大家都打起十二分的精神，相当专注认真地工作。

红光厂的显像管生产，玻璃部分占比很高。玻璃系统的工作是强体力作业，而且工作环境很恶劣，高温、噪声、粉尘都有。刚建厂时，设备设施都很落后，采用的是土坩埚炉烧煤熔炼玻璃的方式，人工吹泡（示波管玻壳），人工拉管（玻颈、芯柱类管材），技术要求相当严格。工人们在这样的环境下工作，必须一丝不苟、心无旁骛才行。这相当消耗体力和精神，而这样的工作许多工人一干就是很多年。玻璃熔炼的过程极为复杂，需要高难度的控制技术，更需要工作人员一丝不苟地工作，如果没有吃苦耐劳的品格和奉献精神，如果没有来自厂方细致的思想教育和有力的精神鼓励，基本干不下去。

全厂有数十个车间，众多的中层干部都勇挑重担，而且还经常跟当班工人一样，到车间参加劳动。

玻璃车间有一项非常艰巨的工作，大家形容像堵枪眼一般的必须殊死拼搏，那就是换缸。换缸就是把熔炼玻璃烧坏的坩埚（称作"缸"）取出，换上新的，这个工作要经常做，但是做的过程却是相当危险和惊心动魄。熔炼玻璃要靠间歇炉，炉上的八个方位蹲着八口坩埚。换缸时，先拆下炉墙，再将专用的两轮铁车推到炉前，将大炮筒子似的铁杠子伸进坩埚，运用杠杆原理，将废坩埚挑起取出放到旁边，再用铁车取出预热炉里的新坩埚，将它推向炉膛的固定位置之后，以耐火泥砌墙、封缝。

因为炉膛内的温度达到一千四百多摄氏度，操作者必须从头到脚穿一身沉重的石棉防护装，外加墨镜口罩，以防止炉膛内超高温度烈焰的喷射。即便如此，操作者的眉毛、额发也常常被烈焰烧燎。要是遇到坩埚破裂，残留在炉内的缸底与熔融玻璃黏合在一起，就更为麻烦，必须用平顶的铁杠将其铲除。换缸最大的困难就是重和烫，坩埚、铁杠、铁钳非常沉重，坩埚、砖块、铁杠非常烫人。拆砖的时候，一个人拆几块就得退下来，用大铁杠铲残缸，一个人铲几下又得换人，要不就得被烤晕。即使这么艰苦的工作，职工们还是人人奋勇，连续作业，犹如在战场上冲锋陷阵。

那年月，加班加点地工作是常事，工人们换下来的衣服，常常一泡就是一星期，根本没有时间洗。年轻人上班，两天两夜不离第一线是常事，一坐下就睡着，一站起来干活又浑身是劲。工人身上都是一身汗一身泥，领导干部、技术员与工人"同吃同住同劳动"，也是一身汗一身泥。当大家看到生产出了合格产品，都非常开心，所有的努力、辛苦都值得了。

钱玉趾来到成都没有多久，就遇到了三年"困难时期"，中苏关系恶化，苏联专家撤离。随即，红光厂就和四川以及成都东郊的很多

▲ 红光电子管厂的工业烟囱　冯荣光摄

企业一样，生产和生活都进入极其困难的时期。

当时，红光厂已经是上千人的大厂，首先是职工的生活面临极大的困难。每月供应的粮食根本不能填饱肚子，大家几乎都是处于饥饿状态。老八路出身的党支部书记高富许，是个一心为民的好干部，他看到职工生活这么困难，就让团支部副书记钱玉趾带领一些能吃苦耐劳的干部和职工，组成一支开荒种地的队伍，把厂里空置的地方开垦出来耕种。厂里二号厂房南边至围墙之间有一大块空地，还有三个厂房周围的空坝，共有十多亩地。这些空地建筑垃圾很多，且杂草丛生。由于饥饿，工人个个都有气无力，可是听说要开荒种地，大家都来了兴趣，争先恐后来参加劳动。才几天，这片荒地就变成一块块平平整整的菜地了，厂里人把这里叫作红光厂的"南泥湾"。钱玉趾带领专业的耕种队开始播种施肥，这些人都是农村长大的退伍军人，从小就能够吃苦，种地栽菜也是能手。所以，种在这"南泥湾"的红苕、洋芋、莲花白、南瓜等苗肥秧壮，十分喜人。在大家辛勤的劳动和盼望中，丰收的日子到了。高富许和钱玉趾等商定分配原则：人人有份，平等分配。当大家都分配到数量一样的蔬菜瓜果的时候，非常高兴，这给当时的很多家庭带去了很大的希望。

钱玉趾出生在苏南比较富裕的家庭里。他毕业后，母亲听说他被分配到成都时流泪不止，说什么都不让他去。但是钱玉趾是一个有理想的青年，他说服了母亲，毅然踏上了西行的航船。他从南京上船，沿着长江逆流而上，将近十天才到达重庆，然后在重庆乘火车来到成都。一路上，他看到西部地区的落后，也看到了西部不同于老家的美丽风光，他想为这个国家的建设出力。

　　在三年"困难时期"，钱玉趾很多时候做着与自己的专业完全不对口的菜农工作，也没有一点怨言。在给母亲写的信中，只字不提这边生活的困难，他也不让母亲到成都来看他，生怕年迈的母亲担心。那些年，生活上的困难就是这样靠大家自力更生克服的。

　　一直到1963年12月，红光电子管厂才竣工投产，主要生产显像管、示波管、指示管等十个品种。厂里按照上级的指示，一边研究，一边开发，一边生产。可是不久，"文化大革命"开始了，东郊的企业也卷入到派系斗争中。因为红光电子管厂属于军工企业，受到的冲击要小一些，生产还是断断续续在进行，所以取得的成绩也比其他的厂要大些。

　　"文化大革命"结束后，红光厂迎来了辉煌，承接和研制了很多当时在国内都是非常先进的产品，得过各级大奖。

　　李铁锤是红光厂的风云人物，当了十二年的厂长，红光厂在他的带领下，取得了很多阶段性的成果，在那些年代里成为同行业的翘楚，李铁锤也成了东郊军工企业的领军人物。红光厂还担当使命，进行国家重点改造项目的技术改造和其他一般更新改造。

　　在采访中，钱玉趾老人拿出了一个层层紧裹的纸包，小心翼翼打开，打开最后一层，一把有些锈迹的大剪刀展现出来。这把剪刀比普通的剪刀都大，刀口和手把全部都是熟铁打制，感觉要由很有力量的男人的大手才能驾驭。

　　"知道这个是干什么的吗？"钱玉趾老先生问我。

　　这样问，我就知道，这绝不是一般的剪刀。

　　我说："肯定不是裁缝剪布的，具体剪什么，我还真是不大好猜。"

钱老先生说："你没有说是剪布的，那还是动了脑筋的。"

我很想知道这个故事，于是钱玉趾老先生就慢慢给我讲述这把剪刀的来历。

红光厂最大的产品

▲ 钱玉趾保留下来的剪刀　傅厚蓉摄

是玻壳。生产玻壳先要把玻璃熔化，熔化后像一埚玻璃粥，液态的玻璃粥有一千四百度的高温。生产的时候，拿一根特殊的棍子，在锅里蘸上一坨玻璃原料，以极快的速度取出来，滴放到模具里。但是那坨玻璃原料离开锅，温度就会迅速下降，这时必须尽快把玻璃液滴到模具中，因为时间稍微长点就会冷却而不能使用，这一坨原料就只有报废。钱玉趾等人在车间实际操作中观察了很久，如何才能在温度还没有冷到失效的时候让这坨玻璃原料快速掉落进入模具里面？他发现只要有一把剪刀，迅速剪掉棍子上的玻璃原料，玻璃原料就可以及时进入模具，这样就又快又好了。经过好几次试验后，钱玉趾亲自到铁匠铺指导，这把定制的剪刀就做成了。几十年过去了，钱老先生还珍藏着这把大铁剪刀，可见在他心目中的地位和价值。

有了这个剪刀，操作工人就可以非常快捷地工作了。

钱老先生还给我示范了一下，左手把模具拉出来，右手一剪刀把另外一个工人提着的那个原料棍上的玻璃料剪下来，随即左手一送，把模具盒子推到成型的机器里面压制，一个玻壳就制成了。

当年的红光厂，正是因为有了钱玉趾这样肯动脑筋、肯下功夫的科技人员，发展才这样好。

在红光厂工作了半生的钱玉趾老先生，已经从一个苏南人，成为一个地地道道的成都人。他说一口成都话，业余时间还研究巴蜀地域文化。他研究的范围很广，写过很多的文章，出过好几本专著。这个来自江浙的书生，为工厂的发展和技术进步、为四川企业文化事业，贡献了一生，现在还笔耕不辍，这让我对他肃然起敬。

红光厂和其他几个电子厂是东郊电子工业的中坚，其中生产的微波电子管、电子束管、半导体微波器件及混合集成电路、电真空金属材料等，在全国同类产品中占有较大优势。红光厂大量的"成都造"产品除为本地区配套外，还行销全国，部分远销国外。

红光厂生产的另一大类是军用产品，比如示波器用的示波管、摄像管、夜间摄像管、图像倍增管、雷达指示管等，都属于世界先进水平。"两弹一星"的成功，东郊这些军工厂都起了很大的作用。

"六五"和"七五"计划期间，红光厂进行了大生产线的技术改造，先后从日本、美国等地引进关键技术和设备，扩建成黑白和彩色显像管玻壳、黑白显像管装配、显像管、黑白和彩色电子枪、荧光灯、黑白电视机装配等七条生产线。到1990年，主要产品有十五大类三百余种，电子束管年产能一百六十余万只，三十种产品分获国家和部、省、市优质产品奖，部分产品已进入北美、欧洲和东南亚市场。

在中共十一届三中全会精神指引下，红光厂贯彻改革开放的方针，电子工业步入新的发展时期。

▲ 寻找工厂的历史记忆　冯荣光摄

在军品任务削减的情况下，红光厂努力扩大民用电子产品的生产，消费类电子产品的品种和产量大幅度增长，使以军品为主的产品结构发生较大变化，技术引进和技术改造工作发展较快。1988年5月，以红光电子管厂为主体，成立了红光电子企业集团，集团有成员单位八十三个。

1988年，红光电子企业集团荣获全国企业管理优秀奖（金马奖），成为全国十佳企业之一。1989年经国务院出口办公室批准为出口基地企业，批准成立进出口公司。1989—1990年，相继被评为电子行业百家出口先进单位、机电行业国产化先进单位，获国家"七五"

企业技术进步奖，晋升为国家一级企业。

随着科学技术的高速发展，以及信息技术的崛起和普及，20世纪六七十年代先进的东西，已经被更新更好的电子产品替代，当年为备战而兴起的一些企业慢慢落后。而企业太大，负担很多，很难做到提档升级或转型。到21世纪初，红光电子管厂和东郊的很多企业单位一样，举步维艰，困难重重，很难再现当年的辉煌。

从2001年起，成都市政府做出了"东调"的决定，决定对东郊的老工业基地进行改造。按照成都市政府提出的"搬迁改造一批，关闭转产一批，就地发展一批"的要求，红光集团宣布破产。屹立东郊四十多年的红光厂，以及令人骄傲的"成都造"，已经消失在人们的视线里。

在跳蹬河这片火红的土地上，在红光厂旧址上，一个崭新的国际时尚产业园——东郊记忆，如一只美丽的火凤凰，腾空而起。它是无数红光人创业精神的再现，更是无数成都人文创理想之梦的放飞！

35信箱：国防工业的神秘"眼睛"

35信箱，真实的厂名叫成都光学玻璃厂。光学玻璃是光电技术产业的基础和重要组成部分，是制造光学仪器的主要材料，是国防工业必不可少的重要材料，在望远镜、潜望镜、武器瞄准镜等方面广泛应用，被称为战略战术武器的"眼睛"。在现代战争中，如果武器装备上没有这些"眼睛"，必然处于被动挨打的地步。

民国时期，我国只有一个规模很小的军用光学仪器修配厂，代号为53工厂，是国民政府兵工署直接管辖的重点企业，是中国唯一生产望远镜、迫击炮瞄准镜、无后坐力炮瞄准镜等军用光学仪器的工厂，但是产量有限。那时所使用的光学玻璃，全部依赖德国进口，自己无法生产。

新中国成立后，53工厂被新政权接管，改名为298厂，利用从德国进口的光学玻璃，生产军用望远镜、瞄准镜之类的产品。虽然1955年在苏联专家指导下，298厂熔炼出了K8光学玻璃，但在国内还没有一家真正的光学玻璃生产工厂。

1956年6月，第二机械工业部（兵器工业部）决定在成都成立一个专门生产军用光学玻璃的厂，取名为国营成都光学仪器厂，对外的军工代号为208厂，对外通信使用保密代码为35信箱，厂址为成都市东郊杉板桥路。"35"，简单上口易记，于是被老成都人熟知，也被老成都人仰慕。

这个厂是国家"一五"期间的重点工程，也是苏联援建的156个重大项目之一。1957年6月，208厂在东郊杉板桥破土动工。由于受当时各种条件的限制，建厂需要的资金和物资都比较欠缺，只能修建很简单的厂房。

新中国成立后，国家建立了一个研制光学玻璃的基地，这就是中国科学院长春光学精密仪器馆光学玻璃熔制组，它是我国唯一一家研制军用光学仪器的工厂。1957年元月，光学玻璃熔制组被二机部划归208厂管理，于是，成都的208厂就在3000公里之外的吉林省长春市有了一个生产车间。这个车间不仅有长春光学精密仪器馆的技术力量，还有国宝级别的光学专家龚祖同先生等。这个车间专门成立了试制组，不仅对苏联提供的几十种光学玻璃配方进行试验，还着重进行配方调整和熔炼曲线的校正，同时进行生产骨干的培训和试验性的生产。

1958年8月，长春车间的人员和物资全部回归成都，208厂如虎添翼，厂里的工程师技术员摩拳擦掌，准备大干一场。但是没有正规厂房让大家大显身手，面对现实困难和条件，大家只能选择不等不靠自力更生，用劳动的双手创造工厂的明天。

给我介绍情况的是戴环英大姐，她是35信箱的老员工了，虽然不是第一批进厂的元老级员工，但是她是1969年的"老三届"知青进厂的，工龄也有几十年，算厂里第二代老职工。她非常喜欢自己的工厂，厂里的前世今生，她也了如指掌。

20世纪50年代，为了早日炼出合格的产品，进厂的第一批干部和工人亲手搭建了一些草棚作为临时熔炼车间，大家一起动手，找木料，找竹子，找粗篾席，找油毛毡，总之能够找到的东西，都要派上用场。用粗一些的木头打立柱，细一些的木头或者竹子做横梁，上面再铺上粗篾席或者是油毛毡、干谷草等，这样，简陋的车间厂房便搭好了。他们又找来砖瓦和水泥、石灰等，一砖一瓦砌好了熔炼玻璃的平行烟道炉，又亲手制作简单的设备。全是土法上马，炉子建好后就开始点火。在那样艰苦的条件下，是没有自动化设备的，燃油供应、材料添加等工序全部依靠人工操作。炼制玻璃的时间很长，中间不能间断，不能熄火，必须24小时有人值守。四天四夜，大家轮流休息、轮班上岗。值守的人一整夜不能合眼，要不断地观察，加火加料。这样，苦苦等待了100多小时，1958年9月17日，一埚凝结着全部208厂人心血和汗水的亮晶晶的玻璃出炉了！我国自主生产的第一埚光学玻璃，在成都东郊杉板桥成都光学玻璃厂的草棚里诞生了！

　　这第一埚15升的K6玻璃，对于中国光学玻璃事业来说，是一个非常重大的喜讯，具有划时代、里程碑的意义！

▲ 成都光学玻璃厂1958年第一埚高级光学玻璃出炉留影　跳蹬河街道办供图

　　K6玻璃熔炼出来以后，二机部副部长张连奎等领导，专门从北京赶到成都光学玻璃厂表示祝贺，对所有参加工作的干部和工人进行慰问。第二天，二机部就在光学玻璃厂的工地上召开成都所有部属企业现场会，对光学玻璃厂的企业精神和干部职工的工作积极性给予表彰。二机部还专门发文号召全国的部属企业要向成都光学玻璃厂学习。

　　然而好景不长，没过几年，光学玻璃厂和东郊乃至成都、四川其他很多企业一样，遭遇了三年"困难时期"。虽然光学玻璃厂是部属军工企业，生活物资仍极其匮乏，职工生活困难。很多人都因缺乏营养生病。作为军工企业的光学玻璃厂认真贯彻中共成都市委"生产自救、节约度荒"的指示，成立了农副业办公室，从事养猪、种菜和农场管理工作。

　　1961年春开始，厂里先抽调了十三人在温江县试办养猪场，猪肉可以供应厂里职工食堂，改善职工伙食。厂里还在温江养猪场旁边租地种蔬菜，收成还不错。这些猪肉和蔬菜，在一定程度上改善了职工的生活。但是毕竟大家都不是从事农业生产的农民，对养猪、种菜不在行，不能完全依赖养猪种菜改善职工的生活。

　　根据成华区政协编撰的内部资料《激情岁月——成都东郊工业史话》记载：

　　　　养猪场停办后，过去养猪的饲养人员转到蔬菜队，在原机修车间南侧空地上种菜、养鸡。但是这些地方地势低洼，加上经验不足，他们辛辛苦苦种植的蔬菜遭水淹没，被虫子吃掉，基本都没有什么收获。好不容易养的鸡，总共才生了25个蛋，这些东西对这么大的厂矿来说，完全是杯水车薪，于是就把这点点食物送给了托儿所，给孩子们增加点营养。

看到集体种植蔬菜和饲养猪鸡等都不行，领导们开会，决定动员和组织职工私人充分利用厂内空地栽菜，实行谁种谁收，收来的一律交给食堂，多交菜者多得食品，这样来激发和鼓励大家的积极性。所以职工和家属都很积极，纷纷在房前屋后种菜，也很认真地浇水施肥，起早贪黑地管理这些救命的菜，当年就收获1.5万公斤蔬菜，大大改善了职工们的生活。

1961年7月，光学玻璃厂还在郫县唐昌镇先锋公社黎明大队创办了一个农场，名字叫"成都市第35号信箱农场"，俗称郫县农场，这个农场下设粮食、蔬菜、饲养三个作业队。开始创办的时候，向当地生产队租用土地40亩，有职工30人。后来看到食物还是非常紧缺，厂里几乎不能正常上班，想到还是先保命要紧，于是增加到农场劳动的职工。到年底，来农场劳动的人增加到100人，又增加租地的面积，能够耕种的土地达到150亩。但是由于种种原因，可能是技术不好，或者是天气不好，农业是一个靠天吃饭的行业，这么多人，这么多地，努力的劳动却是收获不大。第二年秋后，农场的规模逐渐缩小，到年底全部撤销，撤销时农场还有职工60人，土地90亩。

当年光学玻璃厂为建农场共投资6.3万元。还是小有收获，当时农场的蔬菜按市价卖给职工食堂，粮食用于归还种子粮，余下的运回厂，售给低定量职工。付出和产出算下来也不是很划算，不过在当时，是有钱也买不到食物，所以这样自力更生的办法，还是解决了一些问题。不管咋个说，光学玻璃厂那几年就是就靠种菜、养猪、养鸡帮助职工度过了非常困难的时期。

过了那几年，光学玻璃厂迎来了发展的曙光。厂区慢慢地建设起来，在杉板桥沙河左岸，紧邻红光电子管厂（106信箱），光学玻璃厂的行政楼、研究室、生产车间等也渐渐修建起来。生产的产品不光在成都、四川领先，在国内也非常有名，好多产品都得到了国家的奖励，光学玻璃厂成了同行业的佼佼者。

戴环英大姐说，当年要到光学玻璃厂上班的人，跟参军入伍的人一样，必须要进行严格的政审，必须要家庭出身好，自己表现好，又红又专的人才行。因为这里的工作都是涉及国防科技，具有非常高的保密性。厂里的职工要严格执行厂里的保密制度，不能随便对外人说什么，甚至对家属都不能说，要是哪个不小心说了什么被厂里保卫科知道了，这个人必然要受到处分，说不定会被开除，严重的还会判刑坐牢。所以在外人的眼里，这是一个神秘的工厂，他们做什么，产品是什么，有什么用处，外人是不知道的。人们只知道沙河边有这么一个神秘的企业，就是"35信箱"，多一点的信息，人们都休想打听到。

光学玻璃厂工作的技术员、职工很多都是从全国各地高等院校毕业的优秀大学生、研究生甚至是博士生。人员的文化层次和素质都非常高，他们一心扑在工作上，都愿意为祖国的国防事业做贡献，所以他们工作都很认真，都很忘我。

根据《成都市志·科学技术志》[1]记载，成都光学玻璃厂，除了生产光学材料晶体，还生产各种类型的光学玻璃，在无色和有色光学玻璃的研制及生产技术上，成果较为突出：

1964—1965年，成都光学玻璃厂研制成功红外玻璃、红外石英玻璃，达到当时的国际水平。

1964—1966年他们还研制成功夜间驾驶仪用的红外罩。

▲ 成都光学玻璃厂四车间粗磨光学玻璃　成华区政协供图

1969—1975年，光学玻璃厂的科研人员在"文化大革命"中，坚守知识分子的本分，为国分忧，为民分担，继续埋头研究国家所需要的产品。在这些年里，成都光学玻璃厂采用了新的钢化工艺，研制成功红外滤光片，这个是为当时国家跟有关外国签订的协议研制出来的新品，保证了当年国家的外贸计划的完成。

1971—1976年，光学玻璃厂研制成功质量优异截止波长为红外的光学玻璃（HB11），这个产品在1978年全国第一次科学大会上获全国科学大会奖。这个奖是全国科学领域的最高奖，是对所有光学玻璃厂干部职工的最高褒奖和鼓励。

1983—1986年，光学玻璃厂研制成功透红外8-14μm玻璃，这个

---

① 成都市地方志编纂委员会编：《成都市志·科学技术志》，四川科学技术出版社，1999年。

玻璃有15mm厚、平均透过率＞60％，产品属国内首创，领先国内同行业的标准。1981年光学玻璃厂又自行建成我国第一台大型连续熔炼铂池炉，在全国也是领先的技术，有了这个大型熔炉，就可以生产更大更多的产品。

20世纪80年代末期，在改革开放中，光学玻璃厂向国际先进水平看齐，引进国外最先进的技术和设备。分别从美国购进熔炼稀土光学玻璃的中频感应炉，从日本引进连续熔炼金铂池炉生产线和大块玻璃高精度连续熔炼装置，从德国引进先进设备，建立了国内唯一的铝玻璃生产中心。这些先进设备的引进，使得光学玻璃厂的生产能力大大提高，达到国内先进水平，很多外单位的人都来到光学玻璃厂学习取经，光学玻璃厂的人感到相当骄傲和自豪。有了这些先进设备和技术，光学玻璃厂能够生产100余种光学玻璃、光学眼镜片毛坯、电子光学玻璃品种，其中12个产品获国家、部、省级最高质量奖，光学玻璃厂生产的彩色电视机用的延迟线玻璃在国内也占有较大的市场份额。

光学玻璃厂不光注重生产，还非常注重研究。自1974年开始，他们根据国家的安排，为了保证完成国防急需的弹道照相机系列，一共进行了六个方面的研究工作：一是光学玻璃的基础，二是光学玻璃及特种玻璃，三是特种玻璃陶瓷，四是工艺技术，五是轻质反射镜制作技术，六是光学玻璃及特种玻璃的测试方法。这些研究都取得了很好的成果，为国防科学的建设提供了非常宝贵的依据和理论。

光学玻璃厂在基础性研究方面，也在国内行业内做了不少贡献。一是研究了硼酸盐系统光学玻璃，这个项目为研制稀土玻璃及重火石玻璃打下了基础；二是研究了磷酸盐系统玻璃，为研制低热光系数冕牌玻璃及火石玻璃打下了基础；三是研究了钛铅硅系统、BaO-TiO2-GeO2系统、TeO2-WO3系统、S-Se系统及ThCL4-PbCl系统光学玻璃；四是研究了锂硅酸盐粘流及结晶动

▲ 成都光学玻璃厂工作情景　跳蹬河街道办供图

力学、高压釜条件下磷酸盐、硼酸盐水化机理等。

　　在光学玻璃及特种玻璃研究方面，研究出了高折射率低色散稀土玻璃、高折射率低比重火石玻璃、锗酸盐红外光学玻璃、低热光系数火石玻璃、硫砷硒系统光存储玻璃、声光玻璃、眼镜玻璃、带透明导电膜钢化保护玻璃、高强度耐热冲击潜望镜窗口保护玻璃等。上述这些方面的研究为完成国防军工任务及开发民用产品打下了基础。在这些研究中，许多科技人员付出了相当大的努力。

　　眼镜片玻璃除民用外，在国防、科技上也有广泛用途。光学玻璃厂从1976年起生产光学眼镜片毛坯及镜片。1979年研制成光致变色眼镜片玻璃，质量达国际水平，其GBS1毛坯在1981—1985年获国务院国防工业办公室重大技术改造二等奖等六个奖项和荣誉称号。1985年光电所谢才清等在硼硅酸盐玻璃系列中研制成功光致茶色变色玻璃，可用于制造眼镜、电视荧光屏玻璃、宇宙飞行器舱窗玻璃。

1986—1988年刘贵志等研制成功光致变色（灰色、茶色、超薄变色）眼镜片玻璃的五个配方，建立了单坩埚生产线。1988—1989年齐亚范等研制成功彩色渐变光致变色玻璃眼镜片。1986—1988年光电所孙玉珍等在国内首先应用表面增强处理综合技术研制出强度高、化学稳定性好、耐擦拭眼镜片，达到日本TTS-F8146-77的技术指标。此后他们又研究成功薄板防护玻璃钢化着色技术和抗冲击多功能护目镜片。后者使用普通光学镜片为基底材料，经二次表面深加工技术处理，使介质中体积较大的离子与玻璃表面层的修饰离子交换并引入某些金属离子，获得含有金属离子"压缩""应力层"的镜片，属国内领先水平。

1990年张久臣等研制成功YGC-1型眼护具高速冲击测试仪。耐辐射光学玻璃在国防上有特殊用途。1961—1964年成都光学玻璃厂研制出21个牌号的500序号耐辐射玻璃，填补了国内空白，属国内领先水平，1978年获全国科学大会奖。1986年，厂里又初建成X光机防护玻璃生产线，大量生产十四种彩色电视用真空玻璃。

成都光学玻璃厂参与了毛泽东水晶棺的设计制作。在毛泽东逝世的第二天，北京玻璃总厂就接到了中共中央下达的特别紧急任务——"1号任务"，它要求工厂尽快组织力量，研制一口世界一流的、具有独持民族风格的水晶棺。

成都光学玻璃厂的领导听到这个消息以后，主动向中央领导小组申请，要求派出厂里最好的工程技术人员参与这个工作。得到领导小组同意后，光学玻璃厂派出九名精兵强将，赴北京玻璃总厂605分厂参加会战。所有参加工作的人员怀着对毛主席的热爱，精诚团结，取长补短，互相协作，夜以继日地工作。通过很多次研究试验，经过近一年的奋战，水晶棺终于制作成功。水晶棺内的毛泽东遗容面色如常，那是用彩色玻璃调整出的视觉效果，这些滤光片的相当一部分是由成都光学玻璃厂制造的。因为这个重要的政治任务圆满完成，成都光学玻璃厂得到了上级的表彰。

成都光学玻璃厂为祖国、为人民做出了不可磨灭的贡献，企业经济效益稳居国内同行业首位，光学玻璃产销量长年保持世界第一。生产的镧系玻璃改写了我国在这一领域的空白历史，生产的防辐照玻璃应用在"神五"和"神六"航天飞船上。20世纪90年代后期，成都光学玻璃厂跻身成都市工业五十强，被市政府确定为重点出口型工业企业。公司的光学玻璃产能居全球第一，产品远销日本、韩国、美国等二十多个国家，与美国康宁公司、德国肖特公司、日本保谷公司并称世界四大光学玻璃制造基地。

一个城市有一个城市的规划，到21世纪的初期，成都市决定对东郊的企业进行整体搬迁，改变东郊的格局，把企业全部迁到郊区，将工业地块打造为宜人宜居的地方。2003年，成都光学玻璃厂股份有限公司列入"东调"名单，成为第七批搬迁企业。

2003年5月，光学玻璃厂成立搬迁筹备领导小组，开始进行搬迁前的准备工作，写出了详细的规划报告，递交市"东调"办和兵器装备集团公司。经过与上级和"东调"办的反复协商论证，最后决定光学玻璃厂迁建项目选址龙泉驿区国家级成都经济开发区。2010年3月，成都光明光电工业园落成，迁入新址后的光学玻璃厂再次迎来快速发展的契机，营业收入、利润都创新高。

　　成都光学玻璃厂老厂区原址上，一个新的高档住宅小区——万科·天荟正在拔地而起。

　　采写了这么多的东郊企业，这是我写得最高兴的一个，这个厂从开始到迁建，都一直是兴旺发达、蓬蓬勃勃。搬迁后的成都光学玻璃厂，一定会发展得更好！

东郊记忆：新成华的时尚风标

　　走进东郊记忆的时节是春天，成都一年中最好的季节。走过花草树木、绿树成荫的沙河城市公园，就走进了东郊记忆的西大门，映入眼帘的是"东郊记忆·成都国际时尚产业园"几个大字，再往里面走就是利用106信箱过去工业锅炉改造的流水喷泉，一大蓬绿色植物在水流缓冲下，绿意盎然。这个坚硬和柔软的组合，一下子就拉住了你的心，使得你不由自主地继续往前走。

　　顺着这条东西贯通的中央大道一直往里走，就可以把东郊记忆的主要景观浏览一遍。或者，你可以沿中央大道选择往左，或往右，走进去都是别有一番天地。我先是往右拐，那里是一个小的文化创意

▲ 东郊记忆主入口　冯荣光摄

产业园，有几个现代的传媒公司，新视觉影像艺术中心、南谷艺术生活馆、容艺传媒馆等坐落其间，安安静静，具有空灵而时尚的艺术气息。

出来再走中央大道，右边一大栋古旧的楼房，现在是"影立方773IMAX"。下面是东郊记忆长廊，长廊很长，一直通到南边的围墙，长廊里的每一根四方体的立柱上，都是当年东郊建设的火热场景和工厂工作场景的大型图片，还有很多文字说明。比如开工基建科合影、1959年10月新建红光办公楼、宏明厂彩电用电位器生产线、前锋厂区一角等等。看完这些文字和图片，你就会对当年东郊火热的工业时代有一个大概的了解。

左边，是很大的演艺中心，演艺中心是过去106信箱工人俱乐部改建的。在演艺中心里，每周都要上演很多剧目，笔者就在这里看过新编现代歌剧《蜀女卓文君》。每次演出，观众众多。这里常常给成都人民带来一道道新的文化大餐。

沿着中央大道继续前行，画廊、书店、水吧、酒吧、琴行等相继出现，很多人在这里喝茶、品酒、唱歌，多数是年轻人，青春的气息在古旧的房子里洋溢。现代时尚的休闲格调在老旧的工厂里显现，总让人仿佛在时空里穿梭、在过去与现代的氛围里陶醉。

沿着中央大道一路浏览，可以看到空中一些排列着的管道和好些机床、台钻、铣床矗立在中间，那是工业时代的遗存。附近还有一个很宽大的广场，那里就是赫赫有名的"成都舞台"。这是一个露天大舞台，一些比较大型的歌舞演出都会在这里举办，吸引了很多带有音乐梦想的年轻人来此登台表演，舞台下常常坐满热心捧场的观众。

在东郊记忆园区里随意闲逛着，工业时代的建筑风格，远去的生活气息，时时在眼前和脑际里穿梭，如梦似幻，一些情绪在内心滋生。

东郊记忆，之前叫东区音乐公园，为何要如此更名呢？

21世纪初，由于时代的进步、科技的发展，红光电子管厂破产后，留下来的新成华大道旁的大块地盘和厂房，让大家大动了一番脑筋。后来终于决定，在这里建立一个以音乐为主的"东区音乐公园"。

2009年5月15日，成都传媒集团与中国移动集团四川公司签署协议，在成华区原红光电子管厂旧址上修建"东区音乐公园"，公园项目一期占地218亩，总建筑面积18.9万平方米，其中大部分都是利用原来工厂里的工业建筑，保留下来的有14.2万平方米，新建4.7万平方米。

经过一年多的打造，成都东区音乐公园于2011年9月29日盛大开园。这个音乐公园是以音乐为主题的文化创意公园，是当时中国最早

▲ 音乐书吧　冯荣光摄

▲ 音乐书屋　冯荣光摄

的一个音乐互动体验和数字音乐产业聚集园区。音乐公园建立一年后，就已进驻音乐娱乐消费类商家七十多家，形成了音乐现场演艺、互动体验、常规消费的跨界经营模式，接纳了很多国内外热爱音乐的年轻人来此圆梦。东区音乐公园无疑成为新成华的时尚风标，它以独特的创意方式将烟囱、车间、厂区大道上的蒸汽管道、机床、火车头等工业遗存元素和现代数字音乐、音乐消费、音乐表演、音乐雕塑、乐器、音乐教育等音乐主题有机结合起来，吸引了非常多的本地和外地客人来此观光、游览，人山人海的火爆场景给我留下了深刻印象。

因为整个园区规模很大，如果只是以音乐为主，还不足以发挥最大的功能，所以自2012年11月1日起，东区音乐公园正式更名为"东郊记忆·成都国际时尚产业园"。名字一改动，就给园区增加了无限的内涵，各种艺术形式都可以入驻东郊记忆。

2013年7月28日，东郊记忆正式成为国家AAAA级旅游景区。至此，东郊记忆景区已经初具规模。景区里最大限度保留了老红光厂的工业元素。以老红光厂的工业元素为依托，发展为现在艺术的集聚之地，成为对接现代化、国际化的成都文化创意产业高地。

东郊记忆主要有四大板块：记忆载体、产业基地、展演聚落、特色街区。包括七大业态：商务办公、演艺与展览、音乐培训、音乐主题零售、酒吧娱乐、设计酒店和文化餐饮。整个园区按照产业发展、商业消费互动的理念，以商务办公、演艺和展览、音乐培训为产业支撑，在音乐产业的核心动力下打造集商务、休闲、娱乐于一体的新型商业街区。

东郊记忆自成立以来，一年365天无间断的文艺展演活动构成其独有特色，每一位来到东郊记忆的人，都能够享受一段耳目一新的文化之旅。在这里的每一条大街小巷、每一个转角，在路边、墙面及各个可视空间，现代艺术的雕塑与工业年代的印记随处可见。直插云霄的烟囱、废弃

▲ 弹吉他的年轻歌手　冯荣光摄

的发动机、机床、各种输送管道、运煤的铁皮车、工业时代的各种标语都成了东郊记忆里宝贵的艺术品。

走在这仿佛遥远，又身处其间的东郊记忆里，我已经乱了脚步，迷失了方向，后来就干脆随心所欲地随便走着吧，反正哪里都是惊奇，哪里都让人在时空里穿梭。

不时看见有各种铁质零件和机器零星分布于路旁、街角，虽然在它们的表面刷上了一层锃亮的漆，但是散发出的气息依然陈旧，无法抹去岁月的痕迹。在这些散发古老气息的机器上，有成簇的鲜花绿叶，又让人精神为之一振。陆续看到火车头广场、锦颂明星会客厅、歼-5教练机等，这刚硬与柔软、古旧与鲜活的强烈对比，格外让人喜欢。

红光广场外面有一面电视墙，是由过去的电视机显示屏组合成的，很具时代特色和地方特点。这也是东郊记忆很典型的独特风格，艺术无处不在，惊喜无处不在，这就更加让人欲罢不能。

行走在东郊记忆的路上，时而会遇上一两个背着乐器的年轻人，

偶尔也会听到动人的音乐从某处悠悠传来。各种演艺展览馆比比皆是。8090剧场、禾苗小剧场，一看就是培养小朋友的。还有繁星戏剧村、蜂巢剧院、CH8独空间、咖喱小剧院、唯乐音乐厅等。在成都舞台那里，时常会有大型艺术活动，有时是正在玩着时尚的年轻人。舞台广场的两边，一边是水吧、茶馆，每一家小店门口都有悠闲的游人，或者看，或者坐着喝一杯水、一杯咖啡；另外一边是书店、画廊，门前有些雕塑，都跟音乐与艺术相关，无处不在地凸现东郊记忆的主题。

也不知走到了哪里，看到有老先生，坐在一群建筑中，拿起手中的画笔，专注地画着眼前的景物：过去的楼房、耸立的烟囱，青灰墙壁上的标语。很可能是这位老先生年轻时候所熟悉的东西，或许这里留下了他青春的汗水，所以总是不能忘怀，要用画笔留住记忆。

东郊记忆是多元的、立体的，各种艺术形式都可以在这里落地生根。这里还入驻了很多跟文化有关的企业，如成都时代出版社有限公司、成都传媒文化投资有限公司、天府文化原创音乐室、今日头条创作空间、卡兰美朵民歌艺术中心等。

开园以来，东郊记忆的动漫产业算是做得很好的品牌之一。东郊记忆抓住这个机遇，打造了一条专门销售动漫产品及其衍生物品的特色街区，有服饰、玩具、文具、网络游戏用品等。并加大对外的展示和宣传力度，将把入口的墙面装饰成具有动漫特色的宣传墙，放置东郊记忆专属的巨型卡通形象——东东，把从中央大道延伸到漫卡街的高架输送管道，打造成为火车轨道，制作逼真的火车模型，复制日本动漫中火车飞驰的场景。漫卡街的24根景观柱，装点渐变灯光形成炫彩的光墙，并在柱体上彩绘各种动漫人物，镂空区域作为拍照区，让游客体验。

园区还充分发挥展演优势，承办了成都东郊记忆星幻动漫年度祭、2015成都东郊记忆电竞动漫节、2015成都盗墓笔记ONLY漫展、Chinajoy西南赛区＆ACJ动漫嘉年华、2015FUN成都动漫游戏节等动漫交流活动，大大丰富了东郊记忆的演出形态，受到了广大漫迷们的欢迎。成都市许多大、中学生汇聚到东郊记忆，参与动漫的狂欢。他们装扮成各自喜欢的动漫人物、穿上动漫人物的衣服、戴着动漫人物的饰品，在东郊记忆这个舞台上来了一个真真正正的动漫狂欢盛宴，来了一个大胆的真人秀。

东郊记忆开园近十年来，承接了国内很多的大型文化艺术活动。

就拿新视觉影像艺术中心来说，2019年承接了好几项国内著名的影展活动，比如"逆光——中国当代风景摄影展""回眸——法国摄影历史收藏展（1845—1995）""看中看——中国摄影书100本展览"等影像艺术展览。著名诗人北岛也来到这里，举行《蓉城四月·对话北岛》和《人间四月·相约蓉城·成都首个音乐节新闻发布会》等。

位于东郊记忆21号楼2楼的四川大可翰林文化传媒有限公司，主要经营内容是：摄影艺术和文化创意项目的策划执行、摄影展览、摄影制作、交流培训、艺术休闲等。负责运营的专业团队包括众多海内外摄影家和策展人。他们通过全方位的整合运作，广泛聚集各领域摄影人士和爱好者，推动本土当代影像艺术与多领域文化、艺术、商业活动的联动，不间断地向大众展示影像艺术和提供影像文化体验。

▲ 充满休闲情调的长廊　冯荣光摄

　　在东郊记忆园区，还有好多家书店，你要是走累了，可以到书店里歇歇脚，翻翻书。这些书店不同于传统书店，有很好的环境。可以在沙发上坐着读书，听听音乐，在吧台上要一杯咖啡或果汁饮料，感受一下心灵的安宁和纯净。这也是我挺喜欢去的地方。

　　位于园区中间的轩客会·格调书吧、台北诚品、北京Pageone等是二十四小时不打烊的书店。轩客会·格调是新华文轩旗下的子品牌，以"慢读生活新体验"为理念，倡导全民阅读，引导读者回归健康读书生活，探索城市书店新模式的全新尝试。在这里读书，闹中取静，夜间阅读，很是享受！

　　有点无聊·Tea House则是一家以工业时代为背景，融入现代元素的音乐书吧。店主解释店名："你看店名中间有个圆点，可以把这读作'有点无聊'，意思是当你有点无聊时，可以来感受音乐的魅力。"他们的装修，利用工厂管道围合成线性雕塑，前卫又时尚；书吧空间被设计师巧妙设计成LOFT风格，极具现代感；里面散发着自由的气息和小资情调，跟东郊记忆整体风格很搭配。听歌、品茗、喝咖啡、欣赏高质量的茶艺表演，不失为人生的一大享受。

▲ 颇有名气的东郊食堂　冯荣光摄

在东郊记忆，不光可以享受到很好的文化大餐、精神粮食，还可以实实在在地饱口福，品尝正宗的川菜美食。规模小一点的美食商店有1519机车餐吧、忆咖啡、7—11便利店。在东郊记忆的北街，是比较集中的美食一条街，有花娇私房菜、泰府泰国餐厅。另外东郊记忆里面还有好几个大型的餐饮单位入驻，如食画花园餐厅、蓉锦一号，还有最有东郊工业企业特色的东郊食堂。

▲ 美食比比皆是　冯荣光摄

有着传统名字和传统菜品以及传统器皿的东郊食堂是专门为了保留东郊元素而打造的一个餐饮品牌。这个创意来源于20世纪60年代的单位大食堂，这里浓缩了当时成都东郊企业单位的很多元素。食堂的氛围是那个年代的，餐具也是当时的特色，比如搪瓷盅盅、土碗、钵钵等，菜品也是那个时候的，比如酱油饭、咸烧白、红烧肉、回锅肉等。只要一进去，20世纪的东郊味道就扑面而来，让人一下子回到火热的工业时代。

另外就是大妙火锅，它是成都本地高品质的火锅之一，环境优雅、菜品新鲜上乘。还有川菜餐厅"首席1956"等高品质餐厅。餐厅外表还是原来红光厂的老房子原貌，痕迹斑驳、气息年代久远，内部装修却是现代风格，豪华而典雅。让人在新与旧、过去和现代之间感觉时空的转换。而菜品不但有传统的川菜，也融合了粤菜、湘菜还有异域菜品的特点，让国内外来的客人，都能够在这里品尝美味，找到乡愁。

我在东郊记忆游走了一天，但是感觉还远远不够，完全没有把这里的文化大餐品尝够。我还想去"影立方773IMAX"看一场大片，还想在格调书吧待一个晚上，更想跟朋友一起，到某一个咖啡屋里去发呆，看着外面熙熙攘攘的人群，慢慢地欣赏别人的滚滚红尘。

东郊记忆，是一个值得我一而再、再而三前往和驻足的地方。

后记

　　为成华区跳蹬河街道辖区写本历史人文方面的书，其难度远远超出我们的想象。按照实事求是、尊重历史、突出重点、丰富细节的思路和想法，一年多来，我们通过调查、采访、查阅文献资料，到伏案写作，倾注了大量心血，也迎来了不平凡的2020年。

　　庚子年春节，武汉突然暴发的新冠肺炎病毒让人惊愕与恐惧，我们所在的城市，立即进入突发公共卫生事件一级响应，全民投入抗疫之中。在焦虑和不安中，我们渐渐平静下来，潜心沉浸在书稿的打理中。终于，在惊蛰前顺利完成了傅厚蓉与我合作的这本书。面对窗外明媚的阳光，我们心中默默祈福平安：让《跳蹬河》告诉未来，让《跳蹬河》告诉读者。

　　忆往昔，在跳蹬河这片热土上，从20世纪50年代起，就上演一幕幕波澜壮阔的东郊工业区创业大剧。21世纪伊始，这里在轰轰烈烈的"东调"中华丽转身，拉开了新时期城市建设的宏伟大幕。每遇历史发展的重要关头，跳蹬河都扬鞭飞马、奋勇当先，而且马到成功。

　　前辈创业者们在物质条件、生活条件极其艰苦的工作环境中，用他们的肩扛出一片片厂房，用他们的手创造出无数成都品牌，用他们的脚走出越来越宽阔的幸福之路。他们献了青春献子孙，为了工厂奉献了他们的一生。东郊建设五十年历史，为我们留下了极其宝贵的工业文明遗产。那些曾经的灿烂，一直在历史的长河里，如星星般闪闪发亮。

　　在童年的记忆深处，我们的父辈有很多都参加了东郊工业区建设。圣灯寺、麻石桥、跳蹬河、杉板桥，这些地名从小就耳熟能详。只是，朦朦胧胧感到那些地方很远，很远。院子里的大人，也只有星期天聚在一起摆摆龙门阵，从他们的摆谈中，知道了成都在建发电厂，还有保密的信箱厂，还有可以让人们穿上新衣裳的川棉厂……

　　那时，北门还有一段很长的残余城墙，断断续续地一直延伸到一号桥边。城墙是登高远望的好地方。老成都有"游百病"的传统习俗，春暖花开了，城里城外的居民就牵浪打群地登上城墙，远望崛起的东郊新城。在一片绿色的原野中，那大片大片的工业厂房和苏式建筑，还有一幢幢红砖楼房，让他们大开眼界。当然特别显眼的还是那些烟囱、水塔，它们代表着东郊工业的恢宏气势和需要仰视的高度。它们与蓝天比高，与白云比美，让许多成都人激动和兴奋。在城墙上还能远远地看见驷马桥方向火车喷出的白色浓烟，听得到火车汽笛的吼叫声，人们感觉到一股清新的城市工业化春风正扑面而来。

　　在挖掘跳蹬河历史资料时，在浩繁的文献资料查阅中，以及多次去四川省博物院的参观中，我们都很兴奋。这片土地竟如此神奇，有着延续了两千多年的人间烟火与世情风貌。"跳蹬河铃"清亮悦耳的雅乐声，随着千年悠悠流淌的升仙水，至今还飞扬在沙河的上空，为成都"音乐名都会"做了很好的注脚。是巧合，还是天意？东郊记忆就生根在跳蹬河这块工业的热土上，你不觉得惊奇吗？

　　今天，我们可以通过文物与历史资料的记载，了解过去悠久的历史，给我们以无比的文化自信。然而，另外两件工业时代文物，成都热电厂210米烟囱和105米双曲冷却塔，非常遗憾地在2007年"东调"时炸掉了，没有保留下来。它们是巍巍"西天一柱"，成都光明之火炬，点燃了东郊火红的年代，点燃了城市沸腾的生活。它们是我们心中的图腾，是工业时代的优秀作品。我只能用手中的笔墨，让文字为它们建一座纪念碑。

跳蹬河，它是一部大书，有写不尽的人和事。限于篇幅，"弱水三千只取一瓢饮"，我们只能将史料性、文学性和田野调查熔为一炉，努力增强可读性，使其既有历史的厚重感，又有阅读的亲和力。本书欲抛砖引玉，并期待有更多的人来写跳蹬河。

在资料收集、采访和写作中，我们得到了跳蹬河街道办事处领导以及锦绣社区、杉板桥社区、跳蹬河社区、东篱社区负责同志的大力支持，在此表示深深的感谢！

感谢陪同采访的张利女士、李咏梅女士、杨忠勇先生。

感谢接受采访的钱玉趾、李在荣、马道荣、程国杰、彭和声、费怀银、向洪亭、李允文、袁先娣、宁素芳、刘碧清、方雪萍、周光琼等"老东郊"。

感谢周明生、喇瑞良、冯子禹等老师和朋友给予的关心和支持。

感谢四川大学锦城学院教授、作家谢天开，不吝笔墨为本书作序。

还要感谢那些不留姓名，为我们提供帮助的老师和朋友。

作 者

2020年2月28日